デジタル教材の教育学

歴史と思想　活用と展開　デザイン論

デジタル教材と教育学
個人差に対応する
学びの文脈を作る
議論の中で学ぶ
第2言語習得での活用
企業内教育での活用
学びと遊びの融合
デジタル教材を設計する
デジタル教材を評価する
デジタル教材の開発
デジタル教材と学びの未来

山内祐平 [編]

東京大学出版会

Pedagogy Using Digital Resources
Yuhei YAMAUCHI, editor
University of Tokyo Press, 2010
ISBN 978-4-13-052079-9

デジタル教材の教育学——目　　次

序章　デジタル教材と教育学　　　　　　　　　　　**1**

0.1　　デジタル教材の変遷　　　　　　　　　　　1
0.1.1　デジタル教材とは
0.1.2　デジタル教材の課題
0.1.3　研究の系譜　　　　　　　　　　　　　　2
0.2　　背景にある思想
0.3　　本書の構成　　　　　　　　　　　　　　5

第Ⅰ部　　デジタル教材の歴史と思想

第1章　個人差に対応する Computer Assisted Instruction　　　　　**11**

1.1　　CAIの概要と時代背景　　　　　　　　　11
1.1.1　CAIとは
1.1.2　CAIの時代背景
1.2　　事例1──Plato　　　　　　　　　　　13
1.2.1　CAIの原型 Socrates
1.2.2　実用的な Plato の登場
1.3　　事例2──Buggy　　　　　　　　　　　17
1.4　　背景にある学習理論　　　　　　　　　　19
1.5　　まとめ　　　　　　　　　　　　　　　22
　　　　参考文献／推薦図書

第2章　学びの文脈を作る　マルチメディア教材　　　　　　　　**25**

2.1　　マルチメディア教材の概要と時代背景　　　25
2.1.1　マルチメディア教材とは
2.1.2　マルチメディア教材の時代背景
2.1.3　マルチメディア技術のインパクト
2.2　　事例1──「ミミ号の航海」　　　　　　28
2.2.1　映像ドラマを中心としたマルチメディア教材
2.2.2　歴史的な価値
2.3　　事例2──「マルチメディア人体」　　　31
2.3.1　知的ゲームを通して学ぶ CD-ROM 教材
2.3.2　歴史的な価値

2.4	背景にある学習理論	34
2.4.1	マルチメディアを通した学習とは	
2.4.2	多元的な情報からの学習	
2.4.3	能動的な学習	
2.5	まとめ	37
	参考文献／推薦図書	

第3章　議論の中で学ぶ
Computer Supported Collaborative Learning　　**41**

3.1	CSCLの概要と時代背景	41
3.1.1	CSCLとは	
3.1.2	CSCLの時代背景	
3.1.3	CSCLを授業に導入するメリット	
3.2	事例1　思考の関連づけを支援する	43
	——CSILE/Knowledge Forum®, ReCoNote	
3.2.1	CSILE/Knowledge Forum®	
3.2.2	ReCoNote	
3.3	事例2　科学を議論するための学習環境	
	——WISE, LeTUS	47
3.3.1	WISE (The Web-based Inquiry Science Environment)	
3.3.2	LeTUS (Center for Learning Technologies in Urban Schools)	
3.4	背景にある学習理論	52
3.4.1	社会的構成主義	
3.4.2	CSCLのデザイン原則	
3.5	まとめ	55
	参考文献／推薦図書	

第II部　デジタル教材の活用と展開

第4章　第2言語習得での活用
Computer-Assisted Language Learning　　　61

4.1　第2言語習得と情報通信技術　　　61
4.1.1　構造的アプローチ
4.1.2　認知的アプローチ
4.1.3　社会認知的アプローチ
4.1.4　第2言語教育システムのデザイン
4.2　CALLの実践研究　　　68
4.2.1　ニューハンプシャー大学の実践
4.2.2　青山学院大学の実践
4.3　まとめ　　　74
　　　参考文献／推薦図書

第5章　企業内教育での活用　　eラーニング　　　79

5.1　企業内教育と情報通信技術　　　79
5.1.1　CAIと企業内教育
5.1.2　eラーニングと企業内教育
5.1.3　教材開発体制の変化
5.2　事例1　プログラム学習理論に基づくeラーニング　　　82
5.2.1　教材の概要
5.2.2　学習理論との対比
5.3　事例2　GBS理論に基づくeラーニング　　　86
5.3.1　教材の概要
5.3.2　学習理論との対比
5.4　まとめ　　　91
　　　参考文献／推薦図書

第6章　学びと遊びの融合　　シリアスゲーム　　　95

6.1　ゲームと学習の関係　　　95
6.1.1　「ゲーム」が想起させる「不真面目さ」
6.1.2　「ゲーム」と「シミュレーション」
6.1.3　ゲームが学習にもたらす長所
6.2　シリアスゲームの概要　　　99

6.2.1	シリアスゲームという言葉	
6.2.2	シリアスゲームの展開	
6.3	シリアスゲームの事例	101
6.3.1	複数の主体が参加したシリアスゲーム開発	
6.3.2	開発者人材育成と連動したシリアスゲーム開発	
6.4	まとめ	105
	参考文献／紹介したシリアスゲームの参照 URL ／推薦図書	

第III部　デジタル教材のデザイン論

第7章　デジタル教材を設計する　　　　　　　　111

7.1	教材開発と設計理論	111
7.2	インストラクショナルデザイン	111
7.2.1	インストラクショナルデザインのプロセス	
7.2.2	分析と設計	
7.2.3	開発と実施	
7.3	教材設計に有用な理論	122
7.3.1	ARCSモデル	
7.3.2	認知的柔軟性理論	
7.3.3	実践共同体	
7.4	まとめ	126
	参考文献／推薦図書	

第8章　デジタル教材を評価する　　　　　　　　129

8.1	教材開発における評価の重要性	129
8.2	教材評価の方法論	130
8.2.1	学習成果の測定法	
8.2.2	実験心理学の研究手法	
8.2.3	準実験	
8.2.4	仮説検証型研究と仮説生成型研究	
8.3	学習履歴データの利用	137
8.3.1	状況に埋め込まれた評価 (situated evaluation)	
8.4	まとめ	139
	参考文献／推薦図書	

目　次—v

第9章　デジタル教材の開発 1　「親子 de サイエンス」　　141

9.1	「おやこ de サイエンス」とは何か	141
9.2	開発の背景	141
9.2.1	科学教育の現状	
9.2.2	家庭における科学の学習	
9.3	教材の概要	144
9.3.1	全体像	
9.3.2	子どもに対する教育支援技術——「予想 – 実験 – 考察」サイクルを組み込んだインタラクティブ学習教材	
9.3.3	親に対する教育支援技術——学習進捗メール	
9.4	教材の評価	150
9.4.1	「おやこ de サイエンス」は、子どもを支援できていたか？	
9.4.2	「おやこ de サイエンス」は、親を支援できていたか？	
9.4.3	「おやこ de サイエンス」は、家庭の学習環境にどのような変化をもたらしたか？	
9.5	まとめ	156
	参考文献／推薦図書	

第10章　デジタル教材の開発 2　「なりきり English!」　　161

10.1	「なりきり English!」の概要	161
10.2	社会的背景と理論的背景	163
10.2.1	英語使用文脈に応じた英語学習の必要性	
10.2.2	聴解指導理論	
10.3	モバイル教材の開発	165
10.3.1	システムの構成	
10.3.2	学習の流れ	
10.4	形成的評価のための実証実験	171
10.5	評価の概要	171
10.5.1	学習の成果	
10.5.2	モバイル学習に対する評価	
10.6	まとめ	177
	参考文献／推薦図書	

終章　デジタル教材と学びの未来　　181

11.1　デジタル教材と学習観　　181

11.2　教材設計の専門性　　183

11.3　学びを支援する文化を育てる　　185
　　　参考文献

あとがき　　189

事項索引　　191

人名索引　　194

執筆者紹介　　195

序章　デジタル教材と教育学

0.1　デジタル教材の変遷

0.1.1　デジタル教材とは

　21 世紀に入り，多くの教育活動がインターネット上で展開されるようになっている．ネット上で学位がとれるオンライン大学の普及は象徴的な事例であるが，学校教育のみならず，企業内教育や外国語学習など，様々な領域で活用が広がっている．

　インターネット上の教育活動の基盤は，学習を支える「デジタル教材」である．インターネット上の学習のほとんどは，時間に制約されない自学自習の形態をとっている．学習内容に関する説明文や解説映像によって理解を深め，他の学習者と掲示板などで議論をし，理解度をはかる評価を受けるという流れが一般的である．

　ここでは，デジタル教材を，教育目標の実現のためにデジタル化された学習素材と学習過程を管理する情報システムを統合したものと定義して論を進めることにする（ここでは教育目標の明確なものを教材と定義しているため，LOGO やシミュレーションのような環境型学習システムをデジタル教材の範疇から外している）．

0.1.2　デジタル教材の課題

　インターネットの利用者が増加し，オンライン上の学習が普及するにつれ

て，様々な人々がデジタル教材を制作するようになってきている．教育的な活動を支える教材制作者が増えることは社会にとって望ましいことであるが，教材制作に必要な教育学的知識はほとんど流通していないのが現状である．その結果，過去に研究され問題点が指摘されているにもかかわらず同じ失敗を繰り返したり，適切な評価方法を知らないために過剰な効果を主張する教材も見受けられる．このような課題を解決するために，従来行われてきたデジタル教材に関する研究的知見をまとめたものが本書である．

0.1.3 研究の系譜

デジタル教材の研究は，主に教育工学（Educational Technology）において展開されてきた．教育学・心理学・工学などの知見を学際的に援用しながら，情報通信技術などのテクノロジーを用いて妥当性の高い教育活動をデザインする方法論の確立を目指している．

教育工学はアメリカやイギリスを中心に 1960 年代から発展してきた研究領域であり，50 年の研究の歴史の中でデジタル教材に関する研究知見が多く蓄積されている．

今まで教育工学でとりあげられてきたデジタル教材をレビューすると，3つの大きな流れがあることがわかる．

CAI（1975–1985）

1970 年代後半から 1980 年代前半にかけて，パーソナルコンピュータの登場とともに，コンピュータが質問を出し学習者の応答の正誤に応じて適切なフィードバックを行う CAI（Computer Assisted Instruction：コンピュータに支援された教授活動）について多くの研究が行われた．一斉型の授業では難しい学習者の個人差に対応する方法として注目されたが，構造的に記述できる問題しか取り扱えないことから，その後研究が下火になった．1990年代後半にインターネットの登場により注目された WBT（Web Based Training）や携帯型ゲーム機を用いたドリル学習などは，CAI と原理的に同一のものと見なすことができる．

マルチメディア教材 (1985-1995)

1980年代後半から1990年代前半にかけて，パーソナルコンピュータの性能が向上し，画像や音声，映像などが取り扱えるようになると，学習者が興味関心に応じて教材データベースにアクセスしながら学習を進める「マルチメディア教材」の開発や評価に関する研究が行われた．学習者の能動性を活かした新しい学習スタイルとして試験的な実践が行われたが，学習方略を持たない学習者が十分に使いこなせなかったことから，限られた利用にとどまった．インターネット上にある教材データベースはマルチメディア教材と類似した構造を持っている．

CSCL (1995-2005)

1990年代後半から2000年代前半にかけて，ネットワークによる学習者同士のコミュニケーションが可能になると，学習者のテキストベースの議論活動によって社会的な知識構成を支援する CSCL (Computer Supported Collaborative Learning：コンピュータ支援による協調学習) 研究が展開された．対面型の議論活動に比べ，思考や対話の過程に介入することが容易であり，時間や距離を超えたコミュニケーションを行うことができるため，ネットワーク技術の教育的利用法として注目されたが，議論のテーマ設定や学習者のグルーピングに関するノウハウがないと学習が成功しないという課題も明らかになった．ブログや SNS (Social Network Service) を利用した協調的学習は，CSCL の範囲に入る．

0.2 背景にある思想

CAI，マルチメディア教材，CSCL という研究が大きな流れになっていく際に，パーソナルコンピュータやインターネットといった情報通信技術の存在が重要な役割を果たしたことは否定できない．研究そのものは技術が普及する以前に開始されていたが，研究が広がる際に，これらの技術の普及をきっかけとして多くの研究者や実践者が領域に参入したことは事実である．

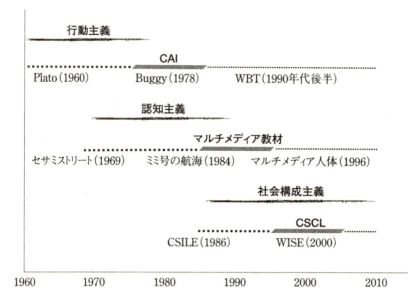

図 0-1　デジタル教材の 50 年の系譜

　しかしながら，これらの研究は技術の普及のみで成立したわけではない．デジタル教材を設計するためには，「学習は α という行為であり，β という方法で支援することができる」という学習観と設計原理が必要になる．3つの潮流の背景には，それぞれ「行動主義」「認知主義」「社会構成主義」という学習観とそれに対応した設計原理が存在している（図 0-1）．

行動主義
　CAI の背景には，「学習は刺激と反応の結合による観察可能な行動の変容であり，刺激に対する反応に対して適切なフィードバックを行うことによって，学習を支援することができる」という行動主義的な思想がある．ここには，初期の CAI 研究の源流となったスキナーのティーチングマシンの考え方が引き継がれている．

認知主義

マルチメディア教材では，「学習は学習者の能動的探索による知識構造体（スキーマ）の組み替えであり，探索によって獲得される知識構造体の部品を適切に提供することによって支援することができる」という認知主義的な学習観が基盤になっている．ピアジェの認知発達研究が影響を与えた1970年代の認知革命がその背景になっている．

社会構成主義

CSCL は，「学習はコミュニケーション行為によって知識が社会的に構成されることであり，コミュニケーション文脈のデザインと知識構成過程への介入によって支援することができる」という社会構成主義的な考え方に基づいて設計されている．この考え方は，1980年代にアメリカにおいて再評価が進んだロシアの心理学者であるヴィゴツキーに影響を受けているといえるだろう．

このように，技術的側面が注目されることの多いデジタル教材には，「学習とはそもそもどのような行為でありどうすれば支援できるのか」という思想が隠されている．これらの思想は広義の教育学といえるだろう．『デジタル教材の教育学』では，このような思想が教材という形あるものとしてデザインされるまでの過程を紹介し，インターネット時代における新しい学びの形について考察する．

0.3 本書の構成

本書は，ベネッセ先端教育技術学講座（以下 BEAT と略）で行われてきた研究プロジェクトや教育的活動をもとに構成されている．BEAT は，ベネッセコーポレーションからの寄附により東京大学情報学環に設置されている組織であり，2004年度から携帯電話や web システムを利用した新しい形のデジタル教材について研究開発を展開している．また，公開研究会である

BEAT Seminar では，デジタル教材の歴史や様々な領域への活用をテーマに議論を行ってきた．メールマガジン Beating では教材設計の原理やその背景にある理論について特集記事を組み，知見が集積されている．これらの情報は，ウェブサイト（http://beatiii.jp/）から参照することができる．本書では，BEAT のこのような蓄積をもとにしながら，デジタル教材に関する基本的知識を学ぶことができるよう 3 部に分けて構成している．

第 I 部　デジタル教材の歴史と思想

　第 I 部では，デジタル教材の歴史と背景にある思想について，理論と事例を対応させながら解説する．序章で述べた概要を詳説し，デジタル教材の歴史と思想がどのように関係しているのかを CAI，マルチメディア教材，CSCL の順に説明する．

第 1 章　個人差に対応する：Computer Assisted Instruction

　行動主義を背景としたスキナーのティーチングマシンという発想が，教師による画一的な教授行為の代替案として，一人一人の学習進度に対応するための CAI という形態を生み出す．ここでは，事例として初期の CAI である Plato と人工知能技術を用いた知的 CAI である Buggy を紹介する．

第 2 章　学びの文脈を作る：マルチメディア教材

　子どもを受動的な学び手として仮定した CAI を批判して，学習者の能動性を重視し，学ぶための文脈や素材の提供に主眼としたマルチメディア教材が制作されるようになる．その背景には，行動主義から認知主義へのパラダイムシフトがあった．

第 3 章　議論の中で学ぶ：Computer Supported Collaborative Learning

　学習は社会的状況に埋め込まれた行為であるという社会構成主義の考え方を背景として，複数の学習者が議論しながら学習を進めるための学習支援システムの開発が行われる．事例として，CSILE, Knowledge Forum®, Re-

CoNote, WISE, LeTUS を紹介する.

第Ⅱ部 デジタル教材の活用と展開

学校教育での利用を中心に研究されてきたデジタル教材は，インターネットの普及とともに，社会の様々な領域で活用されるようになった．第Ⅱ部では，特に利用が伸びている領域として第2言語習得，企業内教育，シリアスゲームを取り上げ，解説する.

第4章 第2言語習得での活用：Computer-Assisted Language Learning

第2言語習得における情報通信技術利用の流れを3段階に整理し，それぞれの段階においてどのようなデジタル教材が制作されてきたかをまとめる．また，事例として，ニューハンプシャー大学と青山学院大学で行われた実践研究を紹介する.

第5章 企業内教育での活用：e ラーニング

企業内人材育成のために，デジタル教材は多様な形で利用されている．企業内教育における情報通信技術の利用の流れを概説し，事例として産業能率大学で制作された GBS 理論に基づく e ラーニング教材「TARA-REBA e ラーニング」について説明する.

第6章 学びと遊びの融合：シリアスゲーム

教育や社会における問題解決のためにデジタルゲームを開発・利用する試みとしてシリアスゲームの動向について解説する．事例として Food Force, Virtual U, Huzmat: Hotzone を紹介する.

第Ⅲ部 デジタル教材のデザイン論

第Ⅲ部では，デジタル教材を制作するために必要な設計論・評価論を教育学的な理論と対応させながら解説し，BEAT で開発されたデジタル教材

「おやこ de サイエンス」と「なりきり English！」を事例としてデジタル教材の設計と評価の実際について考える．

第 7 章　デジタル教材を設計する

デジタル教材を設計するための理論として，章の前半においてインストラクショナルデザインを解説し，後半では教材設計に有用な理論として，ARCS モデル，認知的柔軟性理論，実践共同体をとりあげる．

第 8 章　デジタル教材を評価する

デジタル教材の評価に関して，評価に対する考え方，実験や準実験などの評価の方法，学習履歴データを利用した仮説生成型の教材評価を解説する．

第 9 章　デジタル教材の開発 1：「おやこ de サイエンス」

BEAT で開発された親子で科学を学ぶためのモバイル学習環境「おやこ de サイエンス」を事例として，教材開発から評価までの流れを説明する．

第 10 章　デジタル教材の開発 2：「なりきり English！」

BEAT で開発された社会人向けモバイル英語学習環境「なりきり English！」を事例として，教材開発から評価までの流れを説明する．

本書は網羅的なデジタル教材に関する書籍としては日本で初めて出版されるものである．ここで紹介している理論や事例が，読者が制作する様々な教材を通じて，多くの人々の新しい学びにつながることを期待している．

第Ⅰ部 デジタル教材の歴史と思想

第1章 個人差に対応する
Computer Assisted Instruction

1.1 CAIの概要と時代背景

1.1.1 CAIとは

CAI (Computer Assisted Instruction) とは，コンピュータと学習者が相互作用しながら進める教授・学習過程を指し，コンピュータの情報提示に対する学習者の反応に従い，学習を促進する情報システムをCAIシステムと呼ぶ．

CAIシステムの特徴として，学習者の進度・習熟度を蓄積しフィードバックを行うことで，個人差に対応できることが挙げられる．システムが学習者の反応から理解度や習熟度を随時把握し，個々人に適した進度で学習を進め，教材内容・配列を変化させることで，学習者個々人の能力に即した学びを提供することができる．

CAIは当初，行動主義をベースとした教授・学習理論に基づき開発されたが，その後情報処理心理学や人工知能研究の知見を導入したCAIも開発された．これを知的CAIと呼ぶ．

1.1.2 CAIの時代背景

CAIは，20世紀初頭の時代背景に影響を受けている．当時，近代化の進展に伴う科学技術の発展が，人間に幸せをもたらすという考え方が広がっており，教育においても，教え方が上手いか下手かもわからない教師が一方的

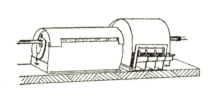 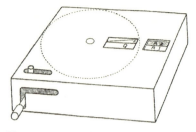

図1-1　プレッシー型ティーチングマシン（スミス 1968）

図1-2　スキナー型ティーチングマシン（西本，西本 1964）

に語るだけでなく，学習者一人一人に応じた対応を科学により解明できるのではないかと考えられていた．また教育現場では，客観的な各種テストなどの教育測定が広く取り入れられ始めており，このような測定を機械で行い，ひいてはドリル学習を行わせることも検討されていた．1920年初頭には，米国オハイオ州立大学にて，シドニー・S・プレッシーが教師の採点の負担を軽減し，より本来の仕事に専念できるよう，機械を使った多岐選択用テスト機を考案した．この機械はテスト結果を自動的に採点するのみならず，正解時のみ次の問題へ進むことができ，回答結果をレジスター（計算機）に記録する（図1-1）．この機械は「ティーチングマシン」と呼ばれ，その後テストに使われる学習プログラムとともに，数十年にわたり改良が続けられた（スミス 1968）．

　1950年代には米国ハーバード大学で，B・F・スキナーがオペラント条件付けによる「プログラム学習」を提唱し，その理論に基づきティーチングマシンを開発した（菅井 1989）．プログラム学習とは，学習の成立を刺激と反応の新しい連合の形成と考え，学習者がひとつひとつの問題を解くことで正しい反応が形成される，すなわち学習が定着するという考え方に基づいた学習形態である．

　スキナーの開発したティーチングマシンは，このプログラム学習を取り入れた機械である．この中には問題を印刷したテープやディスクが入り，学習者はそれを回し提示された問題を解いた後，表示される正解で答え合わせをし，レバー操作で結果を記録する（図1-2）．プレッシーのティーチングマシ

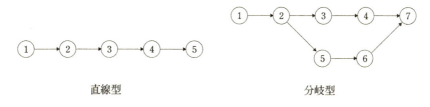

図1-3 CAIシステムの分類（坂元1976より筆者が作成）

ンは選択肢から正答を選ぶ方式（多段選択型）であったのに対し，スキナーのティーチングマシンは選択肢を持たず，空欄が設けられた問題文を埋める方式で，回答を正答と比較することによる学習の定着を狙っていた（再生型）．これらのティーチングマシンは，構成されたプログラムに沿い学習を積み重ねていく単線型プログラムであったが，その後N・クラウダーにより，学習者の解答の正誤に応じてプログラムが分岐する枝分かれ型のプログラムも開発され，単線型プログラムに対し分岐型プログラムと呼ばれた（西本，西本1964）（図1-3）．

そして1970年代にはパーソナルコンピュータの出現に伴い，コンピュータを用い教授活動を代替するシステムが検討された．コンピュータを用いることで，教授過程をより細やかに制御したり，映像や音声など視聴覚メディアと教材を組み合わせた学習プログラムを開発することが可能となった（菅井1989）．

1.2 事例1——Plato

本節ではCAIシステムの事例として，Platoを取り上げる．Platoの登場以前には，CAIの原型と言われるSocratesと呼ばれるシステムがあり，Socratesに取り入れたられたシステム構成や特徴は，Platoをはじめとする後の数多くのCAIシステムに引き継がれた．

1.2.1 CAI の原型 Socrates

Socrates は 1958 年に米国イリノイ大学で開発され，対話法や個別指導法など，優れた教師の教育機能の代替を，行動主義の思想の下で試みた最初の CAI システムであった．なお，Socrates の名は哲学者ソクラテスに倣い，学習者との対話を通じて学習を進めることを目指し付けられた（菅井ほか 2002）．

Socrates は，あらかじめ準備された数多くの学習プログラムに従い，コンピュータの学習制御機能を用いて，学習者の個人差に応じた学習コースを進ませる特徴を持つ．これはティーチングマシンを発展させクラウダーの分岐型プログラムを取り入れた CAI システムであり，学習過程で選んだ選択肢に応じて分岐する複数の学習コースが用意された．これにより，学習者の経験の相違や特性などの個人差にも対応することができた．Socrates ではコンピュータに IBM1620 を用いて学習コースを制御し，教材提示に 35 ミリフィルム映写装置を，またコンピュータへの入力にはキーボードが用いられていた（菅井 1989）．

1.2.2 実用的な Plato の登場

Plato は Socrates の後継にあたる CAI であり，1960 年から段階的に規模や機能を拡大し，当初開発された Plato 1 から Plato 5 に至るまで，約 20 年にわたって研究開発が続けられた（菅井ほか 2002）．

Plato は Socrates と同様，コンピュータを用いて学習プログラムを制御する CAI である（図 1-4）．Plato の特徴として，教材作成を支援する環境を充実させたことが挙げられる．Plato は学習プログラムの開発を容易にするため，Tutor というプログラミング言語が合わせて開発された．Tutor 言語を使うことで，コンピュータの専門家でない研究者や教師が各々の用途に応じたコースウェアを作成することができた．

また，Plato 4 では TICCIT（Time-shared, Interactive, Computer-Controlled Information Television）と呼ばれるシステムが用いられた．Plato は当初，大型コンピュータを用い数千台レベルの学習端末を目指す大規模システムで

14——第 I 部　デジタル教材の歴史と思想

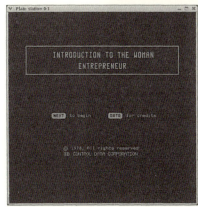

図1-4 Plato 5端末（上）とスクリーンショット（下）
(The Johns Hopkins University, Baltimore, Maryland PLATO V terminal showing RankTrek application, 1981, Mtnman 79)
(cyber1.org (http://www.cyber1.org/) より)

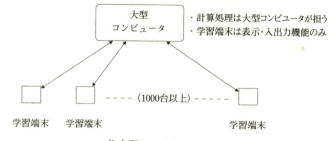

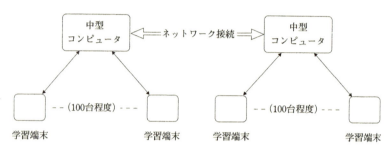

図1-5 集中型・分散型システム

あったが，Plato 4 では中型コンピュータと，低価格のカラーテレビを端末に用いることで，システム全体のコストダウンが図られた．また Plato 5 では学習端末にマイクロプロセッサを搭載し，端末が学習プログラムをダウンロードし実行することで，より高機能な学習プログラムを利用できるようになった．加えて国際間での端末のネットワーク接続など，後の WBT (Web-Based Training) の先鞭ともいえる分散型のシステムが目指された（図1-5）．

　Plato は長期間にわたり幼児教育から高等教育に至る多様な教育に利用され，CAI が実用的に利用できることを示した最初のシステムであった（菅井 1989）．

1.3 事例2——Buggy

　Buggy は，CAI の中でも知的 CAI と呼ばれるものである．知的 CAI とは，1.1 で触れたような情報処理心理学や人工知能研究の知見を利用して開発された CAI である．知的 CAI は人間がコンピュータとの対話的相互作用を通じて学習することを目指しており，コンピュータが学習者の知識構造を「類推」し，個々の学習者に適した問題提示とフィードバックを提供する．知的 CAI では人工知能技術を用いて学習者の知識体系や思考をモデル化するが，Buggy は算数問題での学習者の誤りに関する知識構造をモデル化し利用したものであった（ヴェンガー 1990）．

　Buggy は，主に教育実習生を対象とした教師教育のための知的 CAI システムである．Buggy は教師が学習者の誤りについて予想し考えるためのシステムで，生徒の誤りによりよく対処する方法を学ぶことを目指し開発された．コンピュータは誤りを犯す学習者の役割を担い，教育実習生は一人またはチームを組んでコンピュータの誤りを診断しながら学習を進める（図1-6）．

　コンピュータは数学の問題の誤った解答を提示し，犯している誤りのパターンを推測させる．教育実習生は自分の推測したパターンが正しいかどうかを確かめるため，コンピュータに問題を出し，その解答を診断することで，誤りを引き起こす誤概念を発見する．

　その後，コンピュータは教育実習生の発見したパターンが正しいかどうか判定する．コンピュータは教育実習生の発見したパターンを確認するために問題を出し，コンピュータと同じ種類の誤りをするように促す．すなわちコンピュータの誤りを再現することで，コンピュータは教育実習生が正しく誤りのパターンを認識しているかどうかを判定する．

　Buggy の評価は，教育実習生がチームを組んで使い，彼らの思考や学習を進める中での仮説や意思決定を言語化させながら行われた．評価の結果，学習者の誤りのパターンを抽出する能力が向上したことが明らかになった．

　加えて，中学生を対象にした評価も行われた．この評価では教室にBuggy が使えるコンピュータを置き，教師が最初に使い方を説明した上で

BUGGY：	Buggy へようこそ．私は，バグを一つ選びました．以下に示すのはそのバグの例です．

$$\begin{array}{r} 1\,7 \\ +\quad 5 \\ \hline 1\,3 \end{array}$$

それでは，バグを見つけ出すための問題を出してください．

※教育実習生のチームは Buggy に問題を入力した．

チーム：	$\begin{array}{r} 1\,8 \\ +\quad 6 \\ \hline \end{array}$	$\begin{array}{r} 4\,3 \\ +7\,9 \\ \hline \end{array}$
BUGGY：	1 5	2 3

※ここでチームは，学習者（Buggy システム）が繰り上げるべき数字を，いま計算している桁の数に足していると類推した．

BUGGY： このバグについて記述してください．

※ここでチームは，Buggy 上に類推したバグの説明を入力した．

チーム：	学習者は，繰り上げるべき数字を，いま計算している桁の数に足している．
BUGGY：	以下に，あなたのこのバグについての考え方をテストする問題を出します．この問題の答えはいくつですか．

$$\begin{array}{r} 2\,1 \\ +3\,9 \end{array}$$

※ここでチームは彼らの類推に基づき，解答を入力した．

チーム：	51
BUGGY：	それは私の犯しているバグではありません．私のバグだと以下の解答になります．

$$\begin{array}{r} 2\,1 \\ +3\,9 \\ \hline 1\,5 \end{array}$$

もっと問題を出してみてください．

※ここでチームは問題を考え，入力した．

チーム：	$\begin{array}{r} 5\,1 \\ +1\,7\,0\,7 \\ \hline \end{array}$	$\begin{array}{r} 9\,9 \\ +9\,9 \\ \hline \end{array}$	$\begin{array}{r} 6\,8 \\ +\quad 9 \\ \hline \end{array}$
BUGGY：	2 1	3 6	2 3

※ここでチームは，Buggy がすべての数字を加えているのではと類推した．

BUGGY： このバグについて記述してください．

※ここでチームは，Buggy 上に類推したバグの説明を入力した．

```
チーム：  学習者は，すべての数字を加えている．
BUGGY：  以下に，あなたのこのバグについての考え方をテストする問題を出
         します．この問題の答えはいくつですか．
          3 3      1 0 9 1        8       2 8      9 0
         + 9 9    +  6 0       + 3 4    + 7 0    +  6
```

※ここでチームは彼らの新しい類推に基づき，解答を入力した

```
チーム：   2 4         1 7       1 5        1 7       1 5
BUGGY：  たいへんよろしい．私のバグは以下のようなものでした：
         学習者はいつも桁に関係なくすべての数字を加えてしまう．
```

図 1-6 Buggy の画面例（□内が画面表示，※は教育実習生の活動）
(Brown *et al.* 1978 を筆者が和訳し，作成)

学習者に使わせた．学習者は当初はコンピュータの誤解答を理解できなかったが，1週間後にはコンピュータの誤りがある一定のバグによって起こっていることに気づき，その間違いを自分たちが普段犯しているパターンと同じだと気づき，自分の誤りについての知識不足に気づくようになった（Brown *et al.* 1978）．

1.4 背景にある学習理論

CAI は当初，行動主義をベースとした学習理論に基づいて開発された．行動主義は 20 世紀初頭に心理学を中心に展開されたアプローチで，それまで内観法など主観的に分析されてきた人間の意識の捉え方に対し，客観的に観察可能な行動や行動を統制する刺激条件を研究の対象にするべきだと主張した．

ジョン・B・ワトソンは，1913 年に発表した "Psychology as the Behaviorist Views It" にて，「……行動主義では，心理学の研究対象は人間の『行動』であり，『意識』は定義可能な概念でもなければ使用可能な概念でもない」と述べている（Watson 1913）．このように，行動主義では客観的に観察可能な行動を重視した．また，行動主義では学習を刺激と反応の連合の形

成であると定義し，その動機付けは，報酬や罰など外的な力によって生じると仮定した．この思想をさらに発展させて後のCAI誕生の基礎を作ったのが，B・F・スキナーである．スキナーは米国の代表的な行動主義心理学者であり，新行動主義による行動工学を提唱し，これを教育へ応用して，彼が提唱したオペラント条件付けによるティーチングマシンを開発し，プログラム学習の発展に寄与した．

スキナーはオペラント条件付けに基づいた「スキナー箱」を開発し研究を行った．オペラント条件付けとは，パブロフの条件反射のような後天的に獲得される反射行動（レスポンデント条件付け）に対し，自発的な行動（オペラント行動）により直後に生じた環境の変化に応じ，その後の自発行動が変化することを指す．スキナーはこのような条件付けをオペラント条件付けと定義した．

このオペラント条件付けを動物実験により研究したものが「スキナー箱」である．「スキナー箱」は，中に入ったネズミなどの動物が餌をもらうための行動を学習することを狙い開発された．「スキナー箱」にはブザーとレバー，餌を与える装置が用意され，ブザーが鳴ったときにレバーを押すと餌が出る仕組みになっている．箱の中に入れられたネズミは最初試行錯誤を繰り返すが，次第にブザーの音に反応してレバーを押すようになり，このレバー押しをオペラント行動と見なして研究が行われた（図1-7）．スキナーはこのレバー押しのような行動変容を「反応」と呼び，ブザーのような「刺激」に餌が出てくる「強化」が伴い，「刺激－反応－強化」のプロセスの繰り返しによって学習が成立すると考えた．

スキナーの開発したティーチングマシンでは，この思想を取り入れたプログラム学習を進めることが目指された．プログラム学習とは，学習制御をプログラム化することで，学習者の目標行動に至るまでの学習行動を綿密にシェイピング（行動形成）することを目指すものである．W・A・デターリン（Deterline 1962）はプログラム学習の特徴として以下の7点を挙げている（金子1963）．

20——第I部　デジタル教材の歴史と思想

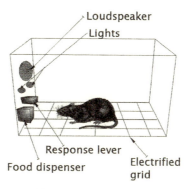

図1-7 スキナー箱（GNU Free Documentation License）

・プログラムは数多くの小さなステップからなる（スモール・ステップの原理）
・学習者は与えられた選択肢の中から答えを選ぶというよりは，むしろ答えを構成し作ることで学ぶ
・学習者は少しの情報を与えられた後に，連続的・積極的な反応を要求される（積極反応の原理）
・学習者の反応の正誤が即時的に確かめられ強化される（即時確認・強化の原理）
・機械的な暗記ではなく，幅のある理解を目的とする
・学習者は誤りを犯した後にそれが誤りだと指摘されるときより，正しい答えを出したときに最も効果的に学習するという仮定から，誤りを除くように配慮される
・学習者の能力の幅に応じたプログラムを用意し，学習者自身の速さで進められる（自己速度の原理）

　初期のCAIは，スキナーの提唱した新行動主義に基づき，個別指導（チュートリアル）や訓練・演習（ドリル学習）を志向した教授・学習活動を取り入れたシステムであり，学習過程を構成する小さな単位である「フレーム」を組み合わせ，それに従い学習を進めるシステムという意味で，フレー

ム型 CAI，AFO（Ad hoc Frame-Oriented）CAI とも呼ばれる．このような CAI の学習プログラムは，学習目標に向かい小刻みに累積することで学習効果をあげようとする直線型プログラムであり，学習者の学習速度という個人差のみに応ずるものだった．一方，事例 1 に紹介した Socrates と Plato は，学習者の誤答に応じてプログラムが枝分かれし，学習者の理解度をフィードバックしながら動的に学習コースが変化する，学習者の学習経験の相違や学習の特性など，個人差に適応する分岐型プログラムを用いていた（菅井 1989）．

　その後 CAI は，1970 年代頃より知的 CAI へと発展した．知的 CAI は情報処理心理学や人工知能研究などの分野からの影響を受け考案された．知的 CAI は，通常の CAI が学習者の行動のみに着目しているのに対し，学習者が内面で何を考えているかのモデルを計算し，適切なフィードバックを行う点に特徴がある．知的 CAI では人工知能の知見から，コンピュータにより人間の知識構造を表現した意味ネットワークを構築し，学習者の反応と照らし合わせることで理解度を「類推」する．また知的 CAI には，教師の役割を代替することを目指したものもあった．このような知的 CAI システムは ITS（Intelligent Tutoring System）とも呼ばれる（ヴェンガー 1990）．

1.5　ま と め

　このように CAI は時代とともに変化しながらも，学習者の個人差に対応した教育システムを目指し開発が続けられてきた．これは，教師の持つテクニックやノウハウを工学的に分析し，コンピュータを用いてより効果的な教授行為を広く学習者に提供しようとする試みであったといえる．

　CAI はインターネットの登場により，コンピュータにネットワークを接続し，物理的な距離を越えた学習環境を構築する WBT（Web Based Training）に発展し，その後 e ラーニングの流れへとつながっている（第 5 章参照）．e ラーニングで展開されている教材の多くは，CAI の歴史の中で培われてきたノウハウを利用している．加えて CAI は，教授・学習過程をより

22——第 I 部　デジタル教材の歴史と思想

精査することで，教材設計過程を構造化し，より学習効果の高い教材の開発を目指す Instructional Design にも影響を及ぼすことになる．これについては，第7章で詳しく述べる．

[参考文献]

米国学術研究推進会議編（2002）『授業を変える——認知心理学のさらなる挑戦』東京：北大路書房．

Brown, J.S., Burton, Richard R. (1978) "Diagnostic Models for Procedural Bugs in Basic Mathematical Skills", *Cognitive Science: A Multidisciplinary Journal*, Vol. 2, No. 2, pp. 155-192.

Deterline, W. A. (1962) "An Introduction to Programmed Instruction", Englewood Cliffs, N. J: Practice-Hall.

金子孫市（1963）『学習プログラムの構成と展開』東京：日本文化科学社．

リンゼイ，P.H.，ノーマン，D.A.（1985）『情報処理心理学入門3　言語と思考』中澤幸夫，箱田裕司，近藤倫秋訳，東京：サイエンス社．

西本三十二，西本洋一（1964）『教育工学』東京：紀伊国屋書店．

坂元昂（1976）『教育工学の原理と方法』東京：明治図書出版．

スミス，カール（1968）『教育工学入門　下』教育工学研究会，長谷川淳也訳，東京：明治図書．

菅井勝雄（1988）『CAIへの招待［応用実践編］』東京：同文書院．

菅井勝雄（1989）『CAIへの招待［理論編］——教育工学のパラダイム転換』東京：同文書院．

菅井勝雄ほか（2002）『情報教育論——教育工学へのアプローチ』東京：放送大学教育振興会．

Watson, J.B. (1913) "Psychology as a Behaviorist Views it", *Psychological Review* 20, pp. 158-177.

ヴェンガー，エティエンヌ（1990）『知的CAIシステム——知識の相互伝達への認知科学的アプローチ』岡本敏雄，溝口理一郎訳，東京：オーム社．

[推薦図書]

菅井勝雄ほか（2002）『情報教育論——教育工学へのアプローチ』東京：放送大学教

育振興会.

パラダイム論の視座から，情報教育の隆盛に伴った CAI の歴史と変遷について詳述されている.

坂元昂（2001）『教育工学』東京：放送大学教育振興会.

教育工学の視座から，行動主義に基づいた CAI やその背景にある学習理論を含め分かりやすくまとめられている.

エティエンヌ・ヴェンガー（1990）『知的 CAI システム──知識の相互伝達への認知科学的アプローチ』岡本敏雄，溝口理一郎訳，東京：オーム社.

知的 CAI システムの基盤となる学習理論が，数多くの事例を例示しながら詳細にまとめられている.

第2章 学びの文脈を作る
マルチメディア教材

2.1 マルチメディア教材の概要と時代背景

2.1.1 マルチメディア教材とは

　マルチメディア教材とは，テキスト，音声，静止画，動画などの多様な表現形式（＝マルチメディア）の情報を統合した形態をとる教材を指す．この定義に従えば，インターネット上でよく目にするアニメーションとテキスト，そしてナレーションが組み合わされた教材などもマルチメディア教材である．

　このように現代のデジタル教材では当たり前の要素ともいえる「マルチメディア」が，教材の歴史上どのように登場し，教育的にはどんなインパクトを持っていたのか．このことを述べるため，本章ではマルチメディア教材が制作されるようになった 1980 年代から 1990 年代の中頃までに焦点をあてる．この時代に制作された代表的なマルチメディア教材としては，アメリカで開発された「ミミ号の航海」(2.2 節で紹介) や「Jasper シリーズ」，アップルコンピュータ社の開発した「ビジュアル・アルマナック」「ライフ・ストーリー」，日本ならば「文京文学館」「人と森林」「ハイパー・サイエンスキューブ」「マルチメディア人体」(2.3 節で紹介) などをあげることができる．これらの教材は複数の映像番組・クリップを中心として，それと関連したテキストや静止画（これは印刷物の場合もあるし，コンピュータのスクリーンに映し出される場合もある）や練習課題，ゲームやシミュレーションといった学習ソフトウェアなどから構成されるのが形式上の主たる特徴である．

2.1.2 マルチメディア教材の時代背景

　マルチメディア教材出現の背景には，当然のことながら，情報技術の進歩があった．例えば1960年代にはじまったCG（コンピュータグラフィックス）研究などのような，コンピュータ上で文字や数字，静止画や音声，そして動画といった多様な情報を取り扱う技術は，1980年代にはパーソナルコンピュータの高性能化によって徐々に一般の人々の手に届くものになってきた．

　こうした技術を総称するマルチメディアという言葉が生まれるとともに，その活用分野の1つとして教育に注目が集まった．1992年に取りまとめられた，生涯学習審議会社会教育分科審議会教育メディア部会による報告「新しい教育メディアを活用した視聴覚教育の展開について」においては，マルチメディアは，従来の教育メディアの特性を吸収，統合するものであり，学習者の主体的な学習を可能とする等の特性を持つものとして期待されている．

　従来の教育メディアの特性の吸収と統合——これは，20世紀初頭より教育における映画利用や放送利用などの有効性を追求してきた視聴覚教育の進展を意味した．視聴覚教育では，学習者のより直感的で感覚的な理解を促す道具として，黒板や印刷物などの通常のメディアに加えて，スライドやOHP，ラジオやテレビ，オーディオカセットやビデオなどのメディアの活用が推進されてきた．個々のメディアの教育活用が展開されるようになると，次第に多様なメディアを適切に組み合せた利用が求められるようになってきた．

　例えば，1つの授業の中で，教師が抽象的な概念を説明した資料のプリントを配布し，具体物を提示して学習内容を身近な事物として実感させ，また教室で再現できないような事象をビデオで視聴させ，今度は学生が学習した内容をロールプレイ型の演劇で表現するといった，多様な表現形態の利点を生かしてミックスした授業などがこれに当たる．様々な表現形式で多元的に学生の感覚を刺激すること，あるいは，複数のメディア間のメッセージの関係性や差異に気づかせることなどに教育効果が期待された．こうした利用方法は，1970年代より多メディア，メディアミックスといったキーワードで

語られ，効果的なメディアの組み合わせや提示順序・手法などが研究対象とされてきた．このような素地を背景にして，マルチメディアは，それまでの視聴覚教育で生み出されたノウハウを継承し，多メディアの組み合わせを活かした視聴覚教育の実践を実現する技術として迎え入れられた．

2.1.3　マルチメディア技術のインパクト

　マルチメディア技術の中でも，1980年代に登場したビデオディスクやレーザーディスクなどはアナログデータであるが，任意の位置から動画が再生可能であるという点で視聴覚教育の1つの課題を解決するものとして注目された．この機能によって，番組をまるまる一本視聴したり，頭出しに気をつかったりせずとも，印刷物のように適宜必要な映像を参照できるようになるというわけである．さらに，これら映像機器とパーソナルコンピュータを接続し，動画像を操作するという技術の登場は，先に挙げた「ビジュアル・アルマナック」や「文京文学館」の開発につながる．「文京文学館」は日本初のマルチメディア教材として知られるが，コンピュータ上で仮想の博物館の中を歩き回り，気になる項目をクリックすることで，レーザーディスクに収められた映画「ぶんきょうゆかりの文人たち」を素材とした映像を再生したり，文人たちに関する資料や朗読音声などを視聴したりすることができるものであった．「人と森林」「ハイパー・サイエンスキューブ」もレーザーディスクとパーソナルコンピュータを組み合わせた教材である．やがて，パーソナルコンピュータのみでデジタル化された動画を再生できるようになると，大容量のデータが記録できるCD-ROMを利用したマルチメディア教材が制作されるようになる．「マルチメディア人体」はこの先駆けであった．

　マルチメディア技術の持っていたインパクトで，もう1つ重要なのは，それがハイパーテキストやハイパーメディアというアイデアを実現するものであったことである．ハイパーテキストとは文書と文書がキーワードでリンクされていて，次々と関連するテキストを呼び出すことができるシステムを指す．テキストだけでなく画像，音声，動画などの種類の情報もリンクされているものをハイパーメディアと言う．その発想の起源は1945年に米国の技

術者ヴァネヴァー・ブッシュの発案した情報検索システムにあるとされているが，言うまでもなくこれは現在の World Wide Web の源流といえるアイデアである．1990 年頃よりマルチメディア教材は，コンピュータの画面上のキーワードやボタンをクリックすることで任意のテキストや動画が引き出せるという形態をとるようになったが，これはこのハイパーメディアというアイデアに影響を受けたものである．

中野（1991）は，ハイパーメディアに収められた情報は無構造であり，利用者が各々の関心をもった情報を跳びまわることができるため，個々の学習者の興味や問題意識による学習が可能になると述べている．これは，従来の教材が系統的な情報の構造を持ち，みな同じ学習目標へ到達するよう設計されていたのとは対照的であった．先に挙げた教育メディア部会による報告の中で述べられていた，マルチメディアが「学習者の主体的な学習」を可能にするとは，このような特性に寄せられた期待でもあった．

それではマルチメディア教材とは具体的にはどのようなものであったのか．次に，代表的な 2 つのマルチメディア教材を取り上げ，その内容を紹介しよう．

2.2　事例 1——「ミミ号の航海」

2.2.1　映像ドラマを中心としたマルチメディア教材

「ミミ号の航海」（The Voyage of the MIMI）は，1984 年に米国バンクストリート教育大学が開発した，放送番組を中心とした，読本，ワークシート，教師用ガイドブック，地図や海図，コンピュータソフトなどから成る教材である．当時の広報には「最初の「本当の」マルチメディア教材」と銘打たれている．政府の教育省から約 265 万ドルという莫大な補助金をうけ，3 年以上の年月をかけて開発されたものである．日本でいうと，小学校 4 年生から中学校 2 年生を主な対象（米国の the middle grades にあたる）としている（浜野 1990，鈴木 1997，1998，佐賀 1997）．

公共放送で配信された番組は全 13 話（各 15 分）の連続したドラマとなっ

28——第 I 部　デジタル教材の歴史と思想

図 2-1 「ミミ号の航海」の映像（バンクストリート教育大学制作，1984，サンバーストテクノロジー発売）

ており，帆船ミミ号に乗り込んだ主人公の少年が，祖父である船長や科学者，その他の仲間たちとともにザトウクジラの調査に出かけるという物語である（図2-1）．ドラマの中には科学的な問題解決活動が埋め込まれており，視聴者はどのような方法で彼らが問題解決するのかをみて，科学的な方法と知識を学ぶことができる．例えば，船長たちの航海術や，科学者たちのクジラの調査が描かれるシーンを通して，彼らが，どのような道具や機器をつかって，どんなデータを集めることで，何を成し遂げているのかを知ることができるのである．この他，ドラマの終盤，嵐と船の故障から無人島に逃げ込んだ登場人物たちの奮闘から，水や食料を得るための技術を学ぶこともできる．これらは，学校の教科でいうと算数，理科，社会科などに関連した内容である．

　また，ドラマと対になる形でExpeditionという発展学習用の番組も13本（各15分）用意されており，ドラマに出演する役者たちが（役を離れて），海洋博物館に出かけて展示を見たり，クジラや航海技術の専門家に話を聞いたりする．これらの映像は後にビデオカセット版，CD-ROM版などメディアを変えて発売されている．

　教材に含まれるコンピュータソフトには，次の (1) ～ (4) のようなもの

第2章　学びの文脈を作る——29

があり，ドラマの中で出てきた知識や技術を，今度は教室で学生たちが利用し，習得することができるようになっている．(1)「海図と航海術」：海図の読み取りや，航海術を活用するゲームなどで構成される．(2)「鯨とその環境」：コンピュータに音，光，温度センサーを接続し，各種の実験を行う．収集したデータをグラフ化するソフトなどは，ドラマに出てくるのと同種のものが利用できる．(3)「生態系シミュレーション」：無人島で生態系を維持しつつ，生存を目指すゲームなどで構成される．(4)「コンピュータ入門」：プログラミング言語であるLogoに親しめるゲームなどで構成される（鈴木1997）．これらのソフトは，1台のコンピュータを使って，複数人で協力して利用できる．これは現実の学校におけるコンピュータの設置台数の制限に合わせて設計されたものであった．

バンクストリート教育大学は，教育省と全米科学財団から再び支援を受け，1987年に「ミミ号第二の航海」を発表している．海底の発掘調査，マヤ遺跡などをテーマにしているが，同じ主人公が冒険するドラマを主たる内容として，対となる発展番組，それに関連するコンピュータソフトウェアを用意している点など，教材の編成は前作と同じである．

2.2.2　歴史的な価値

映像ドラマと印刷物やコンピュータソフトなどを組み合わせた教材構造，子どもだましではないドラマの質，CAI的なドリル教材ではないコンピュータソフト，コンピュータに接続するセンサー（Microcomputer Based Laboratoryと呼ばれた）の採用など，「ミミ号の航海」の革新性には枚挙にいとまがない．

特に，マルチメディアによってドラマやソフトなどへの利用者の多様な関心をスタートにした教育内容への接近を許容している点，実際に冒険の中で科学が役立つシチュエーションを与えた上で，学習者がそれと同じ道具を使って科学を実践して学ぶことができるという点は，用いられる技術が進化した今も，教材設計において大いに参考になる方針であるといえる．

2.3 事例2――「マルチメディア人体」

2.3.1 知的ゲームを通して学ぶCD-ROM教材

「マルチメディア人体」は，1996年に2枚組のCD-ROMで発売された，教育用マルチメディアソフトである．映像80分，静止画1400枚，テキスト25万字，多数のアニメーション，ツール，ゲームといった素材とソフトウェアからなる巨大なコンテンツである．映像素材として，1989年に放送されたNHKスペシャル「驚異の小宇宙・人体」シリーズの番組映像を用いている（飯吉，菊江1996）．

2枚組のCD-ROMは，百科事典型のハイパーメディア「ダ・ヴィンチの書」と，ナビゲーションゲーム「ダ・ヴィンチを救え！」に分かれる．両者は，「ダ・ヴィンチの書」を参照しつつ「ダ・ヴィンチを救え！」のゲームを解決するという関係になっている．

「ダ・ヴィンチの書」は図2-2のような画面を持つ．画面左のハイパーピクチャー（イメージの任意の箇所をクリックするとその部位が拡大される）やハイパーテキストをたどって人体の部位や臓器を探索しながら，解説ページを読み進めることができる．同時に，画面右の「健康と病気」で，現在見ている部位や臓器に関連する病気や健康についての解説テキストを読んだり，「しくみ」で，そのページに関わる人体の仕組みを説明したインタラクティブなアニメーションを見たりすることができる．初心者向けに，全体を俯瞰できるよう，人体を12の系で整理した上で入門的内容を説いた「マップ＆ガイド」もある．

「ダ・ヴィンチの書」は，約1000ページの解説を持つが，これらのページにより関心を持ち，深く理解して読めるように，各種のツールとエージェント機能が備えられている．ツールには，文字やイメージから解説ページを探せる「テキストサーチ」「ピクチャーサーチ」，閲覧履歴をたどれる「ヒストリー」といった，検索・閲覧の利便性を高めるものや，閲覧した情報を整理するために，特定のページに印をつけておくクリップ機能やメモを書き込む機能，思いついたことや疑問点などの音声メモが残せる「伝言板」などがあ

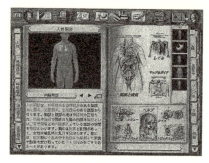

図2-2 「ダ・ヴィンチの書」(NHKエンタープライズ21制作,「マルチメディア人体」,1996,NECインターチャネル発売)

る．また，画面を印刷する機能や，自分なりに整理した情報を表現するため，クリップやメモをつけたページを選んで並び替え，スライド集を作る機能も用意されている．

　エージェント機能には，学習者自身の学習過程を振り返り，習得した知識を確認する目的がある．自分の閲覧の度合いが表示される「レビュー」，閲覧履歴をたどる「プレイバック」，正答数の履歴も参照できる「クイズ」，あまり閲覧されていないページに関する情報を電光掲示板のように表示して興味を誘う「トピックス＆アイドリング」，アニメで使い方を教える「ヘルプ」機能もある．

　もう一方の「ダ・ヴィンチを救え！」は，ナビゲーションゲームと呼ばれる次の5つのゲームから構成される（図2-3）．これらのゲームは，病原菌の研究をしていたダ・ヴィンチが自らもその菌に感染してしまい，弟子たち（プレイヤー）が特効薬を探して旅をするというストーリーを背景に持つ．

　(1)「オーガン・ラビリンス」は，隠された調剤器具を求め，クイズを解きながら迷宮を進むゲーム．臓器についての知識を深める．(2)「シム・ボディ」は，聖水を得るために，荒野を走り抜けるゲーム．体温・酸素・水分量といった身体の状態を把握しながら，ホルモンや神経を調整し，食事や水分補給を行う．個々の臓器の関連を体感できる．(3)「ヘルス・クルーズ」では，海の果てにある島に生殖する薬草を求めて航海する．航海の途中，病気にならぬよう島々を巡って，病院・食事・生活習慣の改善などを行いつつ

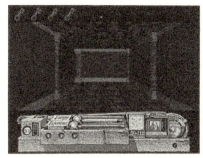 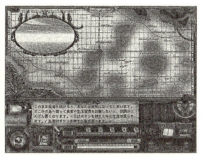

「オーガン・ラビリンス」　　　　　「ヘルス・クルーズ」

「ミクロ・ツアーズ」　　　　　　「ヒューマン・ドック」

図2-3　「ダ・ヴィンチを救え！」のナビゲーションゲーム（同前）

進む．健康への関心を高める．(4)「ミクロ・ツアーズ」は体内に潜入できるマイクロマシンで，ウィルスを採取するゲーム．体内の臓器の機能や関連を学べる．(5)「ヒューマン・ドック」は薬の調合方法を知る長老の信頼を得るため，種々の検査を通して村人の病名を探り当てるゲーム．体のメカニズムを知り，医療への関心を深める．

　これらナビゲーションゲームは，興味関心の低い利用者に対して，百科事典である「ダ・ヴィンチの書」を能動的に探索するための知的好奇心を喚起するものとして意図されている．

2.3.2 歴史的な価値

「マルチメディア人体」は，先端的な技術をいちはやく用いて，テレビ番組のプロデューサーや教育研究者などが協力して4年の歳月をかけて教材としてまとめあげたプロジェクトであり，その高いクオリティーは日本のデジタル教材において希有な存在である．

知的なゲームを入口として，膨大な情報を持つハイパーメディアへとつなげる構成は，学習者の能動性を重視したマルチメディア教材を実現しており，そのコンセプトは新たな教材設計のあり方を提案したものとして意義を持つ．当時エデュテインメントと呼ばれたこのような知的ゲームの持つ教材としての可能性への期待は，第6章で紹介される現在のシリアスゲームの取組みにおいても忘れられていない．

また，「ダ・ヴィンチの書」につけられた各種のツールや機能は，学習者による膨大な情報の探索をサポートする手段としてよく練られており，現在のインターネット上の情報探索を支援する方法を考える上でも示唆深い．

2.4 背景にある学習理論

2.4.1 マルチメディアを通した学習とは

マルチメディア教材を通した学習とはいかなる特徴をもつのであろう．あるいは，学生はマルチメディア教材によって，どのように効果的に学ぶことができるのだろうか．上記で取り上げた2つの教材をはじめとして，この時期に開発されたマルチメディア教材には，それまでのいわゆるプログラム型のコースウェアやドリル教材などに見られなかった，次のような教育的な設計意図が見つけられる．(1) 映像や文字など複数のメディアの情報が組み合わされていた．(2) 学習者による能動的な知識構築過程を中心にすえた設計がなされていた．

ただし，あらゆるマルチメディア教材がこれらの特徴を全て備えているというわけではない．だが，上のいずれかの点で，それまでのデジタル教材とは異なる思想のもと，この時期のマルチメディア教材が設計・開発されたと

いうことは，その本質を理解する上で重要である．以下では，この2点について，関連する理論などに触れつつ詳解しよう．

2.4.2 多元的な情報からの学習

映画やテレビなどの映像は，教室や通常の知覚では体験できない内容を言語ではなく視覚的に伝えられるメディアとして，2.1節で触れた視聴覚教育の名の下に利用が推進されてきた．映像が学習にとってどんな意味を持つのかについては，デール（1950）による，言語的シンボルと直接的目的体験の間に映画や演示などの経験を段階的に位置づけた「経験の円錐」の整理や，波多野（1991（初出は1955））による「感性的認識」と「理性的認識」の間の上昇と下降における視聴覚的方法の有効性の主張などが，1950年以降の視聴覚教育推進の理論的なバックグラウンドとなってきた．

現在では，後に述べる認知心理学の進展もあり，映像だけでなく，複数の種類の情報が組み合わされることの学習効果について実証的な研究が進んでおり，代表的なものとして，アメリカの教育心理学者メイヤーの提案するモデルがある．メイヤーは，人間が言葉（印刷されたテキストや読み上げられたテキストなど）と絵（写真やイラストやアニメーションなど）から学習するプロセスについて検討している（Mayer 2005）．彼は図2-4のように，マルチメディア（＝言葉と絵の組み合わせ）を通した人間の学習の内的な処理をモデル化している．

このモデルはまず，人間が受容する表現として言葉と絵の2種類を分離し，それらが別の経路で処理されるという前提で描かれている．処理には，感覚記憶，作動記憶，長期記憶の3つの記憶貯蔵庫が関わっており，それらを経由して目や耳から入力された音やイメージが別々に選択，体制化された後，両者と事前知識が統合されて学習者が能動的に意味を形成するまでのメカニズムが考えられている．このような理論をベースにメイヤーらは，人が言葉だけからよりも，言葉と絵の組み合わせからの方がよく学べるなどの原則を見いだすとともに，マルチメディア教材の備えるべき条件についても整理している．適切に設計されたマルチメディア教材は，単なるテキストや映像の

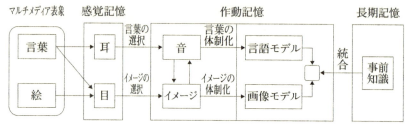

図 2-4　メイヤーのマルチメディア学習のモデル

みの教材よりも深い学習を導く可能性があるのである．

2.4.3　能動的な学習

　学習者による能動的な知識構築過程を中心にすえるという考えは，ドリル教材やコースウェアと呼ばれるような教材が，もっぱら与えられた知識を学生が順序よく習得していくという教授–学習過程を措定し，その過程における最適な順序での知識の提示方法や反応情報の収集の工夫などに注力していたという反省から発している．これに対して 80 年代以降のマルチメディア教材の開発では，学習者の知的好奇心に基づく探索や，推論や検証を経た知識構築こそが意味のある学習過程として考えられていたのである．いわば，よく整理された知識を順序立てて伝達する教師の替わりとしてのデジタルメディアの利用から，能動的な学習活動の資源や道具となる環境としてのメディア利用への転換が意識されていた．2.1 節で述べた，主体的な学習を可能にすると期待されたマルチメディア技術の特性は，こうした設計思想の移行に適合していた．

　このような変化は，心理学で 60 年代以降に主流になった新しい人間観・学習観との関連を指摘できる．それは，人間は基本的に能動的であるという考え方であり，それまでの行動主義心理学で，人間を環境からの情報を受け取って反応するだけの受動的な存在と前提していたことを批判する，新たな展開であった．この新しい考え方を底流にして，例えば，賞や罰によって行動がかりたてられる外発的動機づけの研究を超えて，新奇な情報や深い理解を求めようとする性質を扱う内発的動機づけの研究が盛んになった．また，

同様に行動主義心理学の限界を乗り越えるため，認知心理学が興隆し，記憶や学習を「行動」として扱うのではなく，前述のメイヤーのモデルのように，その内的なメカニズムを情報処理的なモデルを使って説明する研究アプローチが一般的になっていった．これにより，人間の内的な「知識」だとか「思考」「理解」などが研究対象とされるようになり，どんな種類の知識を人間は持っているのかや，どのように深い理解は生まれるのかといった探究が進められた（佐伯 2007（初出は 1985））．

　マルチメディア教材が作られるようになった 80 年代には，心理学におけるこのような変化が，教育実践における，学習者の能動的な知識構築に配慮するような授業や教材づくりの重要性を裏づけていたのである．

　ところで，認知革命などと呼ばれるこの心理学の変化には，1920 年代から活躍していたスイスの発達心理学者ピアジェの与えた影響が大きいと言われている．ピアジェは，人間の認識（とその発達）が主体からでも，客体からでもなく，その相互作用によって構築（construction）されると考えた．例えば「モノは急に消えたりせず，永続する」というような認識は，生まれながらに持っているわけでなく，人間が環境に対して行為する中で構築されるとする（ピアジェ 2007（原著は 1970））．ピアジェの人間が環境に働きかける中で認識が生まれるという考え方，また，思考や知識のような内的なものの研究は，上記のような新しい心理学の展開をリードしたのである．なお，ピアジェのこのような考えは「構成主義」（constructivism）と呼ばれており，現在でも学習者の能動性を重視する教育実践・教材開発の理論的基盤となっている．

2.5　ま　と　め

　冒頭で述べたように，マルチメディアは，現在のデジタル教材ではごくあたりまえに用いられている技術となっている．動画やアニメーションなどの開発ソフトや再生環境も高性能化し，より容易に，より安価に利用できるようになっている．加えて，ブロードバンド通信が普及した現在では，教材を

インターネット上に展開することで，CD-ROM などのメディア容量に縛られることのない開発が可能になっている．利用範囲も，語学学習（第4章参照）や企業内教育（第5章参照），シリアスゲーム（第6章参照）まで広がっており，マルチメディア教材は，現在のデジタル教材の大きな潮流の上流に位置するということができるだろう．

とはいえ，ここまで述べたような初期のマルチメディア教材に込められていた設計意図が，現在の全てのマルチメディア教材に継承されているとは言えないことには注意を払うべきであろう．実際のところ，映像やテキストをひとまとめに取り扱うマルチメディアという技術自体は，ドリル型の教材を開発する際にも利用できる．初期のマルチメディア教材の投げかけた問題提起——能動的な学習活動への志向——に，現在の教材開発に携わる人々も耳を傾けるべきであろう．そこでは，学習者が能動的に学習できるよう，なぜそれを学ぶのかが学習者にとって明確であるような状況設定——学びの文脈——が意識されていたのであった．なお，能動性を担保するためのマルチメディア教材の構成は複雑になるため，設計に関して認知的柔軟性理論という理論が生み出された．これに関しては，第7章で述べる．

［参考文献］

デール，エドガー（1950）『学習指導における聴視覚的方法』有光成徳訳，東京：政経タイムズ社出版部.

浜野保樹（1990）『ハイパーメディアと教育革命』東京：アスキー出版局.

波多野完治（1991）「認識過程と教育課程」『波多野完治全集8　映像と教育』東京：小学館, 87-138

飯吉透，菊江賢治（1996）『マルチメディアデザイン論』東京：アスキー出版局.

Mayer, Richard E. (ed.) (2005) *The Cambridge Handbook of Multimedia Learning*, New York : Cambridge University Press.

水越俊行（1994）『メディアが開く新しい教育』東京：学習研究社.

文部省生涯学習審議会社会教育分科審議会教育メディア部会（1992）「新しい教育メディアを活用した視聴覚教育の展開について（報告）」.

中野照海（1991）「ハイパーメディアの研究と開発の課題」『視聴覚教育』45(6), 34-

38 頁.

ピアジェ，ジャン（2007）『ピアジェに学ぶ認知発達の心理学』中垣啓訳，京都：北大路書房.

佐伯胖（2007）「「理解」はどう研究されてきたか」佐伯胖編『コレクション認知科学2　理解とは何か』東京：東京大学出版会.

佐賀哲男（1997）「『ミミ号の航海』の教材としての構造と意義について」『放送教育開発センター研究報告 99　メディア教材の構造と利用に関する基礎的研究』8-25頁.

鈴木克明（1997）「マルチメディアと教育」赤堀侃司編著『高度情報社会の中の学校——最先端の学校づくりを』東京：ぎょうせい.

鈴木克明（1998）「Web サイトにみる 1988 年現在の「ミミ号の航海」」『教育メディア研究』5(1), 39-50 頁.

［推薦図書］

浜野保樹（1990）『ハイパーメディアと教育革命』東京：アスキー出版局.
　絶版であるが，「ミミ号の航海」を含め 1980 年代後半の米国の教育におけるコンピュータ活用の状況に関する資料的価値が高いと同時に，著者の映画やデジタルメディアに関する深い造詣から展開される学習メディア論は独特の輝きを放っている.

飯吉透，菊江賢治（1996）『マルチメディアデザイン論』東京：アスキー出版局.
　これも絶版であるが，マルチメディア人体の制作者たちが，その設計の背景にある理論と制作の手法をたっぷりと語った希有な書籍である．教材の評価方法なども参考になろう．後に世界的な評価を受けるデジタル教材開発に挑んだ筆者たちの熱い息吹が伝わる一冊.

田中博之，木原俊行，山内祐平（1993）『新しい情報教育を創造する——7 歳からのマルチメディア学習』東京：ミネルヴァ書房.
　小学校・中学校における，マルチメディアを利用した情報教育を，その理論から実践事例まで，幅広く概観することができる．インターネット普及以前の書であるが，メディアの本質に基づいた提言は，現在の総合的な学習の時間における ICT 活用のあり方を考える上でも十分通用する.

第3章 議論の中で学ぶ
Computer Supported Collaborative Learning

3.1 CSCL の概要と時代背景

3.1.1 CSCL とは

　複数の学習者がグループになって，1つの問題を調査したり，議論したりしながら学習する形態を協調学習（collaborative learning）あるいは協同学習（cooperative learning）と呼ぶ．授業の中でグループ活動を取り入れることは，従来の教育現場でも行われていた．協調学習・協同学習では，たんに共同で互いに学習を助け合うばかりでなく，1つの意義ある目標や価値観を共有しつつ，ひとりひとりが学習に対する責任を持って，コミュニケーションを取りながら，グループとしての目標を達成していく学習者共同体（Community of Learners）(Brown and Campione 1994) の形成が目指される．

　CSCL（Computer Supported Collaborative Learning）は，情報技術を利用して，学習者がほかの学習者と相互にコミュニケーションしながら，協同して問題解決に取り組んだり，それを通して考えを深めたり，新たな知識を構築していく教育実践，あるいはその学習活動の支援環境を研究する領域の総称である (Koschmann 2002)．CSCL の定義は，教育支援システムのみならず，それを活用した授業実践のあり方までを包含することが特徴的である．

　本章では，CSCL の研究・開発が行われた背景と，その代表的な事例，背後にある学習観，学習環境デザイン論について概説する．

3.1.2 CSCL の時代背景

　CSCL の隆盛は，1990 年前後のインターネットの普及などをはじめとした情報通信ネットワークの急速な発達と，それとともに研究が進んだ情報工学の研究領域の 1 つである CSCW（Computer Support for Collaborative Work）の影響が大きい．

　1980 年代，パーソナルコンピュータが人間の情報処理能力を補強する道具として普及が進んだ．1980 年代後半には通信機能が搭載され，LAN（Local Area Network）やパソコン通信サービスに接続してユーザ同士がコミュニケーションを取ることができるようになった．電子メールやフォーラム（電子会議室）といったサービス上で，離れた人々が同じ関心を共有するコミュニティが形成されたり，ソフトウェア開発などがネットワークを介して共同で行われるようになった．

　これと並行して CSCW の分野では，職場や生活の場面における個人・グループ・組織の社会的活動の実態を調査し，そのコンピュータによる支援について，理論的・技術的な検討がなされた．分散環境での会議にとどまらず，対面場面を含むさまざまな協調作業を支援するために，電子会議システム，遠隔間の情報提示システム，リアルタイム協調作業支援などの研究開発が行われた．

　1990 年頃からグループウェアが少しずつ普及し始め，教育現場でも応用されるようになった．日本国内では 1994 年に「メディアキッズ」がスタートし，国内各所の子どもたちがグループウェアを利用して議論しながら，「北海道東方沖地震の体験レポート」「音声付き全国方言比べ」等のテーマで探究するプロジェクト学習が行われた（新谷，内村 1996）．

　1995 年以降はインターネットが急速に普及し，World Wide Web を基盤とした協調学習支援システムと，それを利用した授業実践の研究が行われるようになった．

　このように情報通信ネットワークの技術進歩を背景として発展した CSCL であるが，対象は必ずしも分散環境の協調学習だけでなく，対面場面の協調

42——第 I 部　デジタル教材の歴史と思想

学習にも活用されている．たとえば後述の CSILE/Knowledge Forum® や ReCoNote は，教室内で利用されることも多い．

3.1.3 CSCL を授業に導入するメリット

協調学習の授業実践に CSCL を取り入れるメリットの1つは，コンピュータを使った議論や共同作業を通じて，自分の考えを頭の外に表現する外化を促進できる点である．頭の中で考えていたことを明確化して，自分自身の理解を増進することにつながる．また，思考のリフレクション（内省・再吟味）を促すことが知られている．たとえば，考えたことをノート等にまとめる過程で，それを再構成したり，別の視点から新しいアイデアを思いついたりするのは，読者も日常生活で経験することであろう．コンピュータはノート等に比べ作成した文章や図面の編集が容易であり，学習者が自らの考えをリフレクションして，試行錯誤して考えるのに適している（三宅 1997）．

第2のメリットは，ネットワークが学習者共同体を形成する基盤となる点である．学習者が自らの思考をネットワーク上に展開し，共同体の仲間と共有することで，その仲間から意見を受けることができる．ときには自らが思いもよらない斬新な視点が提供される．先達者の意見や指導を受けることもあるだろう．こうしたやりとりを通して，相互に思考を吟味することができる．他者の考え方を知ることで，自らの考え方を客観的に見つめ直す機会が増え，リフレクションにつながる．他者の意見をもとに，新しいアイデアが創発されることもある．このように CSCL では，学習者が相互に分散的に持っている知識や考え方をもとに，協同して理解を深めつつ，新しい知識を構築していくことまでが目指される．

3.2 事例1 思考の関連づけを支援する
——CSILE/Knowledge Forum®, ReCoNote

CSCL の初期には，学習者同士の議論を通した知識構築を効果的に支援するため，学習者が思考を外化し，互いに関連づけることを支援することに注

目したシステムの研究がなされた.

3.2.1 CSILE/Knowledge Forum®

CSILE (Computer-Supported Intentional Learning Environment)（図 3-1）は，CSCL の中でも最も歴史あるプロジェクトである．カナダ・トロント大学オンタリオ教育研究所のマーリーン・スカーダマリアとカール・ベライターらを中心としたプロジェクトである（Scardamaria and Bereiter 1996）．現在では Web ブラウザを使って利用できる Web Knowledge Forum® が開発され（図 3-2），利用されている（竹中ほか 2002）.

CSILE/Knowledge Forum® は，電子会議室型のデータベースシステムである．学習者が自ら意識的（intentional）に考えを外化し，知識を関連づける活動を行わせる．専門家が知識を広げてきたように，初心者も漸進的な問題解決活動を通して知識構築ができるように工夫がなされている.

具体的な支援の 1 つが「思考のタイプ（Thinking Type）」と呼ぶ見出し機能である．学習者は自分の知識や仮説，意見や疑問を CSILE/Knowledge Forum® 上の「ノート」に対して外化していく．その際，ノートには「見出し」を付与しなければならない．これは，ノートに書く内容の目的や趣旨をより意識的にさせるためのものである．「疑問に思うこと（Problem）」「自分なりの理論（My Theory）」「新たな情報（New Information）」「これから解決しなければならないこと（I Need to Understand）」などの見出しのほか，学習者同士で決めたカスタマイズの見出しも付与できる．これは他の学習者と情報共有したり，知識構築を円滑に展開する上で重要な支援となっている.

もう 1 つ支援としてあげられるのは，書き出したノートと他者のノートを関連づけながら引用・参照する「ビルド・オン（build-on）」という機能である．それぞれのノートは，図 3-2 の (b) のようなマップ上にアイコンで表示されている．このアイコンを開いたノート上にドラッグアンドドロップするだけで，容易に参照したり，引用することが可能である．この際も，見出しをつけて参照・引用目的を意識させることで，他者の知識を積み上げ

44——第 I 部　デジタル教材の歴史と思想

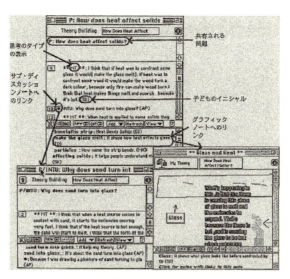

図 3-1　初期の CSILE（大島 1998）

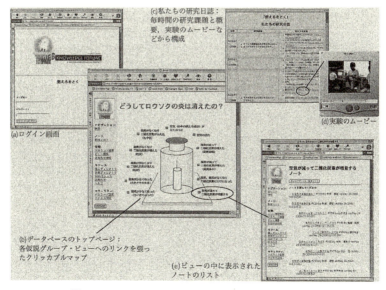

図 3-2　Web Knowledge Forum®（竹中ほか 2002）

第 3 章　議論の中で学ぶ——45

(build-on) ながら議論を展開することを自覚的に行えるように支援されている.

3.2.2　ReCoNote

　日本では，中京大学の三宅なほみや静岡大学の益川弘如を中心としたグループが，ノートの関連づけによる協調学習を支援するシステム ReCoNote (Reflective Collaborative Note) を開発している（益川 1999）.

　ReCoNote は，個人のノートとグループのノートという 2 種類のノートを作成し，「相互リンク」で関連付けながら学習できる点に特徴がある. まず，それぞれの学習者が学んだことをノートにまとめていく. 次に，グループ内の他者のノートを閲覧し，学習者自身のノートと関連のあるものをリンクする. リンクする際には，システムが学習者に対して他者のノートとの関連性を自分で明示的に記述することを求める. これにより，ノート同士がどのように関連付けられているのか，なぜ関連付けられているのかを学習者に考えさせる.

　このリンクは「相互リンク」であり，ノート間リンクを作ると，自動的に，リンクされた相手のノートにも自分のノートとのリンクが見えるようになる. リンクされた相手が，自分のノートを発見し，その関連性について相互に吟味することが期待される.

　このようにグループ内の相互リンクを通して，各自が学んだこととその関係性を検討した後，次の段階として，グループで学んだことを 1 つのグループノートとしてまとめていく. この作成の過程で，他グループのノートや個人のノートとの関連性を検討させ，相互リンクをさせていき，関連性についてメンバー同士で吟味することが目指される.

　相互リンクの際に，内容の関連性を検討しやすくするため，ReCoNote では，上下に 2 つのノートを並置し，リンクを張る対象のノートや，リンク先のノート，リンクの関連性を並置して閲覧することができるようなデザインになっている（図3-3）. ReCoNote の設計の背景には，課題を分割・統合して学ぶグループ学習法「ジグソーメソッド」（Aronson and Patnoe 1997）が

46——第 I 部　デジタル教材の歴史と思想

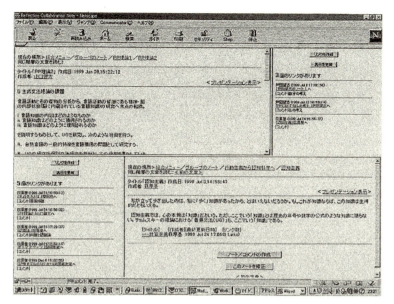

図 3-3　ReCoNote

ある．個人が学んだこと，集団が学んだことをそれぞれ関連づけながら，全体として1つの知識に統合していくことが目指される．

3.3　事例2　科学を議論するための学習環境
　　　　―― WISE, LeTUS

　CSILE など初期の CSCL の研究は，CSCW の影響を強く受け，円滑かつ効果的な議論を実現するためのシステムが検討された．しかし，システムだけでなく，カリキュラムや認知ツールと組み合わせて，より効果的な学習環境をデザインしようとする実践的研究プロジェクトが行われるようになった．

3.3.1　WISE (The Web-based Inquiry Science Environment)
　米国カリフォルニア大学バークレー校のマーシャ・リンやジェームス・スロッタらによる WISE は，Web 上に理科教育のための統合的学習環境を構

第3章　議論の中で学ぶ――47

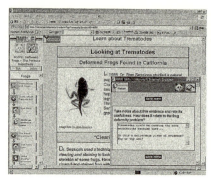

図 3-4　WISE のインターフェイス

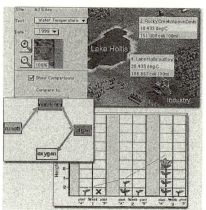

図 3-5　WISE の学習ツール群

築することを目指したプロジェクトである．

　WISE では，①日常的な問題を科学的に取り扱い，科学に親近感を持たせること，②何度もそうした課題に取り組むことを通じて，科学を生涯学び続けられる人を育てること，③思考の過程を可視化すること，④協調学習をすること，という原則で実践が行われている．

　WISE では，さまざまな教材が「プロジェクト」として Web 上に構築されている．図 3-4 は「奇形ガエルプロジェクト」の Web 教材の画面である．学習者は Web 教材コンテンツを閲覧しながら，たとえば，なぜ奇形ガエルが生じるのか，証拠や意見，疑問をまとめていく．Web コンテンツの閲覧だけではなく，さまざまなデータを用いた分析も可能なようにツールキットが用意されている（図 3-5）．ここで扱うデータは，あらかじめ WISE 上で提供されているもの，WISE 外で専門家が提供している本物の調査データ，あるいは学習者が教室で行った実験で得たデータなど，さまざまなものを取り扱うことが可能である．教材コンテンツから得た証拠や仮説と，データをもとにしたグラフやシミュレーション結果とを対比しながら，議論を行い，科学的な理解を深めていく（Slotta 2004）．

　議論を効果的に行うために，仮説やシミュレーションの結果を整理するWeb アプリケーション SenseMaker が提供されている．図 3-6 のように，

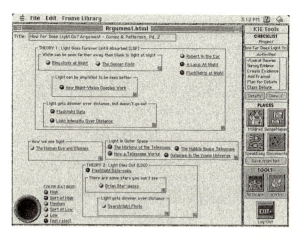

図 3-6　SenseMaker

SenseMaker 上で，互いの意見やクラス全体の意見，根拠となる証拠やその評価を整理しながら，協調的に仮説や理論化を検討していく（Bell 2002）．こうした仮説・実証型のアクティビティを通じて，科学的根拠の大切さ，データ収集の方法，情報提供者の信頼性などをも学習する．

3.3.2　LeTUS (Center for Learning Technologies in Urban Schools)

LeTUS は，米国ノースウエスタン大学学習科学研究所のルイス・ゴメスやダニエル・エデルソンによるプロジェクトである．LeTUS は，シカゴとデトロイトの都市部の中位層以下の中学生や高校生が，生物の進化や環境汚染，気象などの大規模な科学的事象を説明するためのモデルを作り，自分で予測・推論する力をつけることを目標としている．

LeTUS の前身となる CoVis (The Learning through Collaborative Visualization Project) では，ゴメスとロイ・ピー（スタンフォード大学）が中心となり，科学の専門家と連携した学習環境のデザインが目指された．たとえば，本物の科学者と同様に，自分が分析したいときに自由にデータベースにアクセスし，自分で考えて分析・可視化・モデル構築することができるように，科学者が使うリアルタイムの気象データや気温，二酸化炭素に関する

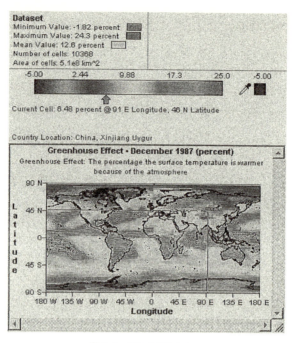

図 3-7　WorldWatcher

　データに容易にアクセスして，シミュレーションや可視化を行うソフトウェア WorldWatcher（図3-7）等が提供された．
　CoVisを継承する形で始まったLeTUSでも，本物のデータを活用したり，プロの科学者が使うようなデータの可視化やモデル構築用のツールを多く用いる．図3-8は学習者が簡単にモデル構築を行うことができるModel-Itというソフトウェアである．
　LeTUSで重視されるのは，プロの研究者が持つような問いを追究する発問型学習（inquiry learning）である．「自分が知りたいと思う疑問に対しては，誰もが真剣に取り組むことができる」という考え方に基づき，学習者自身に問いを考えさせ，それを中心に学びを構成しようとする．ただし，学習者に対して，いきなり何か問いを考えるように言っても，学習者自身で自分なりの問いを考えることは容易ではない．そこで，学習者たちが議論しな

50──第Ⅰ部　デジタル教材の歴史と思想

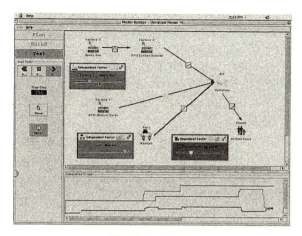

図 3-8　Model-It

がら探究を深めるプロセスの最初に，そのきっかけとなる駆動質問（driving question）を与える．駆動質問は，答えを出せるような問いが基本であり，次の疑問・関心を導出できるような良い駆動質問を提供することが肝要になる．

　駆動質問を鍵として，学習者が自ら探究したいと思う問いを立てていくと，そのうち決まった答えのない探究につながる．このような場合，各自が自分の探究プロセスを振り返ったり，他者と比較することにより，リフレクションを喚起して，探究活動をより深めていく必要がある．そのためのソフトウェアとして，Progress Portfolio が開発されている（図 3-9）．これは，個々の学習者が自分で学習途中のスクリーンキャプチャや，それに対するコメント，実験の目的・方法・結果などを自然な形で電子ポートフォリオとして記録するものである．蓄積されたデータは，学習過程の自己評価や，他者との相互評価を行うためのリソースとなる（Kyza and Edelson 2003）．

　LeTUS も WISE 同様，幅広く教材・カリキュラムが開発されており，「地球温暖化」「ガラパゴス・フィンチの嘴」のような地球環境問題から，オートバイに乗る際にヘルメットを装着する必然性といった身近な問題まで，さまざまな内容が提供されている．これらのカリキュラムには教師用の指導

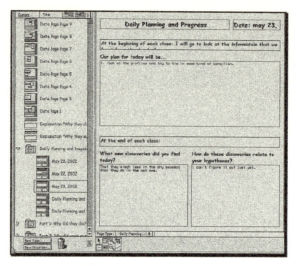

図 3-9　Progress Portfolio

資料も開発されて，提供されている．

3.4　背景にある学習理論

3.4.1　社会的構成主義

　協調学習は認知科学，社会心理学，教育工学などさまざまな学問領域で研究されてきたが，最近では学習科学（the Learning Sciences）と呼ばれる学問領域が勃興し，その中で集中的に扱われている．

　こうした教育実践が台頭してきた背景には，学習の捉え方，すなわち学習観の転換がある．それまで，教師は学習者に対して知識を伝授し，学習者はその知識を完全受動的に吸収して習得する，という存在として捉えられていた．しかし1990年代以降，学習を個人的な知識や技能の習得ではなく，社会的なものとして捉える考え方が広まってきた．

　学習観の転換が起こる中で，学校でも「総合的学習の時間」等において，学習者が社会的な意味のある問題にアプローチし，協調的に学習する教育実践も行われるようになった．そのベースにあるのは，「社会的構成主義」と

いう考え方である.

　行動主義や構成主義では，学習を個人の内的な変化として捉えてきた．これに対して社会的構成主義では，学習は本質的に社会的なものであり，社会的関係の変化として捉える.

　学習の社会性をいち早く指摘したのは，ソビエトの心理学者レフ・ヴィゴッキーである．彼は，人間の知的有能さは，社会・文化的な実践の中において，人間の外界に存在する人工物（artifact：道具・記号・言語・制度・規則などの包括的な呼称）を利用し，他者と協同することを通して達成されるものと説いた（ヴィゴッキー 1962）.

　こうした考え方の背後にあるのは，事物は人工物を媒介とした人々の社会的相互作用の中にあってのみ存在するという認識論である．この考え方では，知識は必然的に，個人の頭の中に留まるものとしては捉えられない．人と人との相互依存の関係性に依拠しながら，言語という道具を用いてコミュニケーションを行うことを通じて共有化され，社会的・公的に意味のある知として構成される（Gergen 1994; 菅井 1993）.

　このような学習観・知識観の下，社会・文化的実践を行うコミュニティ（たとえば，職業集団や地域集団など）における人々の学習を研究し，理論化したものが，人類学者ジーン・レイヴらによる正統的周辺参加論（Legitimate Peripheral Participation）（Lave and Wenger 1991）に代表される状況論的学習論（Situated Learning Theory）である.

　彼女らの研究対象でもあった徒弟制の職人の正統的周辺参加について考えてみよう．新参職人は職場のメンバーとして正式に認められた（正統的な）地位を与えられるが，最初はもちろん一人で仕事をこなすことはできない．まず，あまり責任のない周辺的な仕事が与えられる．しかし，その職場の文化に適応するに従って，同様の道具を用いて同様の職務に従事する親方や他の見習い職人のやり方を観察しつつ，またそうした周囲の手助けや助言を受けながら，次第に重要な仕事を分担するように参加の度合いを増していく．このようにして，「周辺的」な参加から「十全的」に参加するようになるまでの過程を「学習」と捉える．その過程では，学習者には「行為の熟達化,

第 3 章　議論の中で学ぶ——53

実践についての理解，行為者のアイデンティティ構築」(高木 1996, p. 46) という変化が生じていく．

　状況論においては，学習を，頭の中への知識の蓄積ではなく，さまざまな場所に分散している知的リソースや周囲のアーティファクトを活用しながら，他者とのコミュニケーションを通じてコミュニティに参加し，そこで意味のある知識を構築するものとして捉える．学習支援は，一人でよりよく学ぶことに対する支援ではなく，複数人で協調しながら知的有能さを発揮できるようにする支援として捉えられる．そして，学ぶ内容は，コミュニティにおいて意味のあるものとして見なされる．

3.4.2　CSCL のデザイン原則

　それでは，CSCL はどのようにデザインされるべきなのだろうか．そのデザイン原則として，三宅 (1997) は，①真正性 (authenticity)，②リフレクション (reflection)，③足場かけ (scaffolding) を挙げている．

　真正性とは，学ぶ内容が「将来ほんとうにその力が必要になる場面で要求される知力，つまり本物の知力とできるだけ同じである」(p. 110) ことを示す概念である．従来の学校的な知識ではなく，自らが生きる上で本当に役に立つ知識を学習できるかどうかを重視する．真正性の高い実践に取り組み，より本物の状況に応じた知識の応用・処理能力を涵養することが目指される．

　リフレクションとは，学習者が「自分自身の考え方ややり方を吟味してみて，何がいいのか，どこがもっとよくなりそうか，など作り変える工夫をする」(p. 111) ことを指す概念である．学習者が自らの思考を他者と共有し，議論することで，異なる視点からその学習者の思考を批判的に考察しあうことができる．

　足場かけは，学習者が自分より有能な学習者の助けを求め，また有能な学習者によって他者が学習するための足場をつくる，ということである (Wood, Bruner and Ross 1976)．これはヴィゴッキーの「発達の最近接領域 (Zone of proximal development)」の考え方に則ったものである．協調学習に参加する際，学習者は，はじめはその知的有能さを存分に発揮できない

かもしれない．そこで参加の過程で，他の有能な学習者の助けを得やすくしたり，学習支援システムの機能を活用して，その学習者の能力が発揮できるように支援する．また，学習者がそうした支援を必要としなくなったときに，学習者の知識構築をより確実なものにするために，足場かけを取り除いていく（fading）．こうした形で少しずつ学習者の知的有能さを発現できるようにすることが基本的な考え方である．

このようなリフレクションや足場かけの機会は，周囲から受動的に提供されるものではなく，学習者相互のコミュニケーションの中から柔軟かつ創発的に生じるものである．したがって CSCL の学習環境デザインとしては，学習者が相互に①自分の状況の把握ができ，②他の学習者の状況の把握ができることはもちろん，③他の学習者が自分の状況を把握しているかどうかを把握可能にすることも肝要となる（加藤 2004）．

3.5 ま と め

学習者同士が協調して，議論をしながら探究・学習を行う協調学習は，近年，学校教育で広く受け入れられるようになってきた．学習が社会的な状況や関係性の中で成立するという考え方は，少しずつ一般的なものとなってきている．

近年では，学校で行われる公的な教育（formal learning）の場の学習だけでなく，家庭や日常生活など，公的な教育以外の学習機会（informal learning）に対する関心が高まっている．公的な教育以外の場所では，学習者が持つ社会関係資本が，協調学習のリソースとして重要である．たとえば，第9章で取り上げる「おやこ de サイエンス」は，学習者の社会関係資本としての親に注目し，携帯電話の Web や電子メールを活用して，親子の informal な協調的探究学習を実現した CSCL の実践といえる．

学習者の持つさまざまな社会関係資本を活用するためのテクノロジとしては，ウェブログ（weblog）やウィキ（Wiki），ソーシャルネットワークサービス（Social Network Service：SNS）などが，実践共同体（Community of Practice: CoP) や関心共同体 (Community of Interest: CoI) における協調学習を支える social software として注目されはじめている.

このように，CSCL のための社会的・技術的な環境は整ってきており，実践に取り組みやすくなってきた．だが本章で見てきたように，情報技術を学びの道具として有効に活用する上では，実践の中で，学習環境デザイナーやコミュニティの参加者が学習活動をどうデザインしたいのかという意図との明確な対応が不可欠である．こうしたことから，厳密な実験法ではなく，現場の実践の中でカリキュラムの内容や授業の進め方，CSCL の活用方法までを総合的にデザインして教育実践を実施し，その学習効果を検討するデザイン実験アプローチ (Brown 1992) が基本的な評価の方法論として確立している．

[参考文献]

Aronson, E. and Patnoe, S. (1997) *The jigsaw classroom: Building cooperation in the classroom (2nd ed.)*, New York: Addison Wesley Longman.

Bell, P. (2002) "Using argument representations to make thinking visible for individuals and groups", in T. Koschmann, R. Hall, and N. Miyake (eds.), *CSCL2: Carrying Forward the Conversation*, Mahwah, NJ: Lawrence Erlbaum Associates, pp. 449–485.

Brown, A. L. (1992) "Design experiments: Theoretical and methodological challenges in evaluating complex interventions in classroom settings", *The Journal of the Learning Sciences*, 2 (2), pp. 141–178.

Brown, A.L. and Campione, J.C. (1994) "Guided discovery in a community of learners", in K. McGilly (ed.), *Classroom lessons: Integrating cognitive theory and classroom practice*, Cambridge, MA: MIT Press, pp. 229–270.

Gergen, K. J. (1994) *Toward Transformation in Social Knowledge (2nd ed.)*, London: Sage Publications. (杉万俊夫，矢守克也，渥美公秀訳『もう一つの社会心理学――社会行動学の転換に向けて』京都：ナカニシヤ出版)

加藤浩 (2004)「協調学習環境における創発的分業の分析とデザイン」『ヒューマンインタフェース学会論文誌』6 (2), 161–168 頁.

Koschmann, T. (2002) "Dewey's contribution to the foundations of CSCL re-

56——第I部　デジタル教材の歴史と思想

search", *Proceedings of Computer Supported Collaborative Learning 2002*, pp. 17–22.

Kyza, E. and Edelson, D. C. (2003) *Reflective Inquiry: What it is and how can software scaffolds help*, Paper presented at AERA 2003 annual meeting: Chicago, IL.

Lave, J. and Wenger, E. (1991) *Situated Learning: Legitimate Peripheral Participation*, Cambridge University Press. (佐伯胖訳 (1993)『状況に埋め込まれた学習——正統的周辺参加』東京：産業図書)

益川弘如 (1999)「協調学習支援ノートシステム「ReCoNote」が持つ相互リンク機能の効果」『日本教育工学会論文誌』23(1), 89–98 頁.

三宅なほみ (1997)『インターネットの子どもたち』東京：岩波書店.

大島純 (1998)「コンピュータ・ネットワークの学習環境としての可能性」佐伯胖編『岩波講座現代の教育8　情報とメディア』東京：岩波書店, 219–239 頁.

Scardamaria, M. and Bereiter, C. (1996) "Computer support for knowledge-building communities", in T. Koschmann (ed.), *CSCL: Theory and practice of emerging paradigm*, Mahwah, NJ: Lawrence Erlbaum Associates, pp. 249–268.

新谷隆, 内村竹志 (1996)『めでぃあきっずの冒険——インターネットによる教育実践の記録』東京：NTT 出版.

Slotta, J. (2004) "The web-based inquiry science environment (WISE): Scaffolding knowledge integration in the science classroom", in M. C. Linn, P. Bell, and E. Davis (eds.) *Internet Environments for Science Education*, London: Lawrence Erlbaum Associates, pp. 203–232.

菅井勝雄 (1993)「教育工学——構成主義の「学習論」に出あう」『教育学研究』60, 237–247 頁.

高木光太郎 (1996)「実践の認知的所産」波多野誼余夫編『認知心理学5　学習と発達』東京：東京大学出版会, pp. 37–58.

竹中真希子, 稲垣成哲, 大島純, 大島律子, 村山功, 山口悦司, 中山迅, 山本智一 (2002)「Web Knowledge Forum®を利用した理科授業のデザイン実験」『科学教育研究』26(1), 66–77 頁.

ヴィゴツキー, L. S. (1962)『思考と言語』柴田義松訳, 東京：明治図書.

Wood, D., Bruner, J. S., and Ross, G. (1976) "The role of tutoring in problem solving", *Journal of Child Psychology and Psychiatry*, 17, pp. 89–100.

[推薦図書]

三宅なほみ，白水始（2003）『学習科学とテクノロジ』東京：放送大学教育振興会.
　　なぜ協調学習なのかといった基礎的な理論から，CSCL が最も注目されたときに展
　　開された諸プロジェクトやデザイン実験の考え方までを，網羅的かつ分かりやすく
　　丁寧に解説している．CSCL の歴史についてより深く学びたい方に一読を勧める.

加藤浩，有元典文（2001）『認知的道具のデザイン』東京：金子書房.
　　状況論的学習論に基づいた CSCL 研究プロジェクト「アルゴアリーナ」「アルゴブ
　　ロック」が収録されている．状況論の観点から CSCL や学習支援システムの設計
　　について学びたい方には一読を勧める.

大島純，野島久雄，波多野誼余夫（2006）『教授・学習過程論——学習科学の展開』
　　東京：放送大学教育振興会.
　　第 10 章で協調的問題解決学習を，第 13・14 章で Knowledge Forum を使った授
　　業実践を具体的に取り上げ，CSCL システムとその授業デザインを詳しく解説して
　　いる．また，学習科学に関する基本的な内容を概説している．学習科学に興味を持
　　った方には一読を勧める.

第II部 デジタル教材の活用と展開

第4章 第2言語習得での活用

Computer-Assisted Language Learning

4.1 第2言語習得と情報通信技術

　近年，情報通信技術の発展により，第2言語教育においてもさまざまな技能を，情報通信技術を使用することで教育することが可能となった．学習者の習熟度に合わせた教材の提供技術や，学習者の発話を認識し，文字に変換する技術なども現れてきている．しかし，これらの技術は第2言語習得の理論に沿って扱われる必要があり，教育的見地から，どのような技術を利用するか検討するべきであろう．表4-1にて英語教育におけるCALL（Computer Assisted Language Learning）の時代による変遷について示す（Levy 1997; Warschauer and Healey 1998）．

4.1.1 構造的アプローチ

　第2言語教育における情報技術の利用は40〜50年前から始まり，ほかの教科と比較しても歴史は長い．1940年代から50年代にかけて中心となった第2言語学習アプローチとして構造的アプローチがある．この構造的アプローチは当時，アメリカで発達した行動主義的心理学と構造言語学に端を発するとされている（Levy 1997）．行動主義は端的に言うと，人間が反応するには何かの刺激があり，その刺激と反応は一対であることをもとに，学習は刺激と反応により行われると主張した．構造主義的言語学はアメリカを中心に1940年代から50年代に隆盛を極めた．構造主義的言語学では第2言語の習

表 4-1 CALL 発展の 3 段階（Levy 1997；Warschauer and Healey 1998 を整理）

	第 1 段階	第 2 段階	第 3 段階
ステージ	1970–1980 年代：構造的 CALL	1980–1990 年代：コミュニケーション CALL	2000 年–：統合された CALL
技術	メインフレーム	パソコン・プログラム技術・CD-ROM	マルチメディア・インターネット
英語教育におけるパラダイム	文法，翻訳，音声言語	・コミュニケーションを媒介とした第 2 言語教育 ・学習方略への注目	・コンテンツベースの ESP（English for Specific Purpose）/ EAP（English for Academic Purpose） ・英語学習における情意面への強い注目
言語観	・経験主義的 ・構造的（言語は構造的システムである）	認知的（言語とは心的に構成されたシステム）	社会認知的（言語は社会的インタラクションを経て成長するツールである）
コンピュータの用途例	ドリル	コミュニケーションをベースにした練習	真正性が高い談話ツール
主要な学習目標	正確性	正確性と流暢さ	正確性，流暢さと主体性（agency）

得において，母語と第 2 言語の構造の違いを認識し，学習することが重要な要因であることを主張し，学習内容が学習者の文脈から切り離されたものであった．この 2 つの理論をもとに Audiolinguistic Method が登場した．これは学習する第 2 言語でも，実際にネイティブ・スピーカーが発話している内容を，練習として繰り返し聞かせ，発話させるという学習方法である．LL 教室（Language Laboratory）が第 2 言語教育において中心的役割を果たすようになったのもこの方法の登場と大きく関係している．また行動主義的理論に則った文法学習ドリルから始まり，カセットテープなど媒体が登場した後も行動主義的な反復学習を支援する情報技術の利用が 80 年代あたりまで続いた．構造的アプローチでは，コンピュータ（この時代ではメイン

フレームという大型コンピュータが使用されていたが）は第2言語教育においては正誤を判断するための道具であり，個人の学習を支援するに過ぎなかったのである．

4.1.2 認知的アプローチ

1980年代に入ると認知心理学の研究知見から，人間の第2言語習得とその使用は心理的な外的・内的影響に関わる複雑な情報処理によって行われるという認識が定着してきた．第2言語習得を人間の認知的過程として見なし，情報処理の結果，第2言語を使用した技能，例えば，音声のインプット情報を処理した場合は聴解能力が獲得されるという認知的な第2言語習得理論が主張されるようになった．このような認知的アプローチで説明される第2言語習得は図4-1のようなモデルで表される．

Skehan (1998) はSchmidt (1990) などが示した第2言語学習中における「気づき」("Noticing") を踏まえ，第2言語学習に必要な各要素の関係性を示している．学習内容であるインプットは文章や音であるが，その中で文法，語彙といったターゲット情報に「気づくこと」が第2言語習得プロセスにおいて最初の処理となる．「気づき」は学習者自身で行われる場合もあるし，授業や習熟度が高い学習者からの学びなど幅広いインストラクションなどか

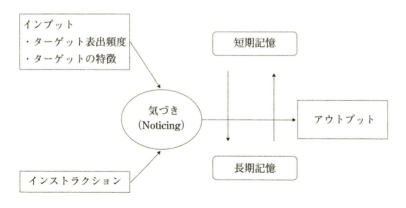

図4-1 認知的アプローチにおける第2言語習得モデル（Skehan 1998）

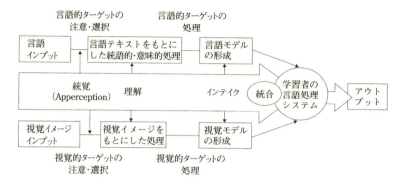

図 4-2 デジタル教材を利用した第 2 言語習得の支援モデル（Plass and Jones 2005 を日本語に翻訳）

ら誘発される場合もある．またインプットにおいて，ターゲットが出てくる頻度や既出のインプットとは違う特徴が「気づき」を誘発するインプットとなり得る．この「気づき」により，インプットを処理し，理解されたインプット（comprehended input）となり，学習者の情報処理内に入り，インテイクという，インプットを学習者の言語知識とする処理過程を経る（Krashen 1985）．インテイクの過程で，記憶定着に関する処理がなされる．例として学習方略を補完的に使用すること，内省をするといった心的な処理や発話する際に現状の理解をそのまま試し，学習者自身の現状の理解が正しいか誤っているかどうかを確認する行為などが挙げられる．このモデルを基盤とした，デジタル教材を利用した第 2 言語習得の支援モデルが図 4-2 である．

このモデルは第 2 言語習得における認知的学習モデル（Chapelle 1998）とマルチメディア学習理論（Mayer 2001）をベースにしている．テキストや音声などの言語インプットと動画や静止画などの視覚的イメージインプットは別々に処理される．統覚処理は図 4-1 で示される「気づき」に対応する部分であり，ターゲットの注意・選択処理がなされる．選択されたターゲットは理解されたインプットとなり，インテイクがなされる．ここでは選択された言語モデルの形成がなされるが，図 4-1 で指摘された，学習者の理解が形成され，視覚イメージモデルと言語モデルが互いに参照関係を持つことで，統

合され，アウトプットがなされる.

4.1.3　社会認知的アプローチ

　1990年代中盤になり，職場や家庭のコンピュータがインターネットに接続されるようになった．世界中から自分が必要とする情報を収集し，自分の学習に活かす活動を第2言語教育に導入することも日常的になってきている．電子メール，電子掲示板，チャットなど，コンピュータを介したコミュニケーション（Computer-Mediated Communication：CMC）の利用も拡大し，世界中の人たちとコミュニケーションをすることができるようになった．このような変化により，従来難しいと思われていたリスニングやスピーキングを含んだ総合的なスキルの育成が可能となった．インターネットを利用した第2言語教育のあり方に関する理論的根拠になり得るのが，社会認知的アプローチであろう．現在，英語教育では実践の場でコミュニケーションできる能力を育成するという実用的な第2言語能力を重視していることがその背景にある.

　コミュニケーションを中心とした第2言語教育は，コンピュータが導入される前から重要視されていた．対面授業ではコミュニカティブ・アプローチと呼ばれ，学習者間，教員と学習者間の対話を通じて，文法的な項目だけではなく，文脈を意識した発言の適切さを学習することを主眼としたものであった（Hymes 1972など）．社会認知的アプローチは，第2言語が話される社会的文脈という，第2言語が発せられる状況に重きをおくことに特徴がある.

　1980年代に入り，このアプローチは応用言語学の研究知見から強く支持されるようになる．Canale and Swain (1980) はコミュニケーション能力を，「文法的に正確に発言する文法的能力・適した場面で適した発言ができる社会文化的能力・最後に相手の発言が理解できない状況を打開するなどの方略的能力が主要なコンポーネント」と定義した．Canaleらが示したこのコミュニケーション能力のコンポーネントを育成するためには，インプットからアウトプットまでの内的な情報処理を重視した認知的アプローチだけではなく，学習者間や学習者と教員間の相互作用を重視する視点も提案される

第4章　第2言語習得での活用——65

ようになった．Long（1981）は相互作用を通じ，インプットが「理解され
たインプット」（Comprehensive input）となり，第 2 言語習得を促進させ
るとしている．学習者間や学習者と教員間で相互作用が起きると，意味交渉
（Negotiation of meaning）が行われる．意味交渉は相手が発した言葉の意
味がわからなかった場合だけでなく，相手の意図がわからない場合でも発生
する．これによって，語彙や文法的正確性だけではなく，意図の伝え方や適
切な表現方法，自分がわかるような形で相手の発言を誘発するなどのコミュ
ニケーション方略の習得が促進される（Clark 1994）．

　この相互作用で重要なことは，学習者や教育者の間の習熟度の差を検討す
ることである．この問題については Vygotsky（1978）の発達の最近接発達
領域が重要な背景理論になるであろう（第 3 章参照）．

　社会認知的アプローチはコンピュータが爆発的に普及する 1990 年代以前
では対面教育の場で研究され，その成果が採用されてきたものであるが，
CMC を用いた第 2 言語教育においても広く利用されるようになった．社会
認知的アプローチは「媒介」を重要視するアプローチである．相互作用も学
習者間，学習者と教員間だけではなく，学習者とコンピュータ，学習者と教
材，学習者個人内の心的な対話もあり，人間の相互作用では意味交渉を，コ
ンピュータとの相互作用では自己修正活動を促進させるといった，効果の違
いも示唆されている（Chapelle 2003）．

4.1.4　第 2 言語教育システムのデザイン

　次に実際に CALL のシステムを設計する場合，参考になる方法について
説明する．

　Peterson（2000）は CALL のレビューを行い，教授法と理論をベースに
したシステム設計指針を示している．表 4-2 は CALL を設計するにあたり，
参考になる理論とその理論で説明される設計の観点について整理されたもの
である．認知学習理論ではさまざまな学習スタイルに対応すること，オーセ
ンティックな学習タスクを提供することなどの観点があり，第 2 言語教育の
観点では探索型学習を促進させることや誤りに気づかせる機会を設定するこ

66——第 II 部　デジタル教材の活用と展開

表4-2 ハイパーメディアを利用した第2言語学習環境デザインに影響する要因
（Peterson 2000 を日本語訳）

第2言語としての英語教育法	・学習者のニーズに焦点化する ・意味理解中心のタスクを通じて，英語能力を向上させる ・探索的学習の支援方法を検討する ・自己調整学習を促進させる ・協調学習を促進させる
第2言語習得理論 (Chapelle 1998)	・キーとなる言語要素に着目させる ・インプットを修正する ・理解できるインプットを提供する ・誤りに気づかせる機会を設定する ・アウトプットを修正する機会を学習者に与える ・学習者とコンピュータ間のインタラクションを修正する支援をする ・情報交換タスクにおける言語使用に焦点化し，参加を促す
認知学習理論	・さまざまな学習スタイルに適応させる ・アクティブラーニングに参加を促す(電子掲示板の設定など) ・メタ認知能力を支援し，フィードバックを与える ・最近接発達理論を踏まえた状況下に学習者を置く ・オーセンティックな学習タスクを提供する ・問題解決タスクを提供する
教授設計理論	・ハイパーテキストの概念を拡張する ・さまざまな教授要素を統合する ・学習観を踏まえて，構造的なサイトを作成する ・時間軸に沿って教授を行う ・文脈に載せて，新しい知識を表現する ・知識生成活動を提供する
人間とコンピュータとのインタラクションに関する理論	・一貫性のある，アクセシビリティが考慮されたユーザーインターフェースの開発 ・グラフィックなマップや表を使用する ・テキストをチャンクに細分化する ・大規模なサイトであれば，検索エンジンやフレームを統合させる ・色を使う

となどが挙げられている．インターフェースにおいてはアクセシビリティ，図表を使用することなどが挙げられている．

4.2　CALL の実践研究

4.1 では CALL の背景理論について概観した．次に開発された CALL が教育の場でどのように利用されているかについて紹介する．本節では現在，研究や実践の主流になっている社会認知的アプローチに絞り，事例を紹介する．

4.2.1　ニューハンプシャー大学の実践

はじめに紹介する実践は 2000 年より実施されている，Blackboard 社の Virtual Classroom というチャットシステムを使用した第 2 言語教育の実践である（Lee 2002, 2004）．2000 年の実践はニューハンプシャー大学内のスペイン語の授業を受講している学生に対して行われた．スペイン語中級レベルの学習者 34 名に対して，授業外に 1 週間に 50 分間，Virtual Classroom を使用して，スペイン語で教員が提示したテーマについてチャットをする課題が与えられた．受講者は 2 人から 3 人組のグループを形成し，課題に取り組んだ．2000 年の実践では，学習者中心の第 2 言語コミュニケーションにおいて，社会認知的アプローチの観点から評価された．評価の観点は学習に影響するキーイベント数であった．表 4-3 にそのイベントと実際の結果としてキーイベント数を示す．

表 4-3 の観点で評価したところ，学習に影響するイベントが多数，確認され，第 2 言語学習を促進するツールとしてのテキストチャットの可能性を示唆している．

大きな特徴として，学習者中心ということに特有な点として，「明確化する」，「助けを求める」と「自分で自分の誤りを修正する」イベントが 50 以上となっており，この 3 種類のイベントで総イベント数の半分を占めており，学習的側面が支援されていると考えられる．また，「話すトピックを変える」

表 4-3 社会的認知アプローチをベースにしたキーイベントと結果 (Lee 2002 を日本語訳)

キーイベントのタイプ	定　義	例	キーイベント数
相手が理解しているか確認する	自分が発したメッセージを相手が理解したか確認すること	"私が言ったことが理解できましたか？"	24 回
自分の理解が正しいか確認する	自分の理解が正しいか，確認するために相手の発話の一部を繰り返すこと	"鳥ですか？　それは七面鳥という意味ですよね？"	35 回
明確化する	理解できていないことを表明することや，不明瞭な発言や言葉があるために助けを求めること	"混乱して，話の筋がわからなくなりました"	59 回
助けを求める	意味を知らない語彙や表現の意味を理解することや，発言するために相手に助けを求めること	"スペイン語で「自由」は何と言いますか？" "英語で "pavo" はどういう意味ですか？"	63 回
自分で自分の誤りを修正する	語彙や文法的な誤りを直すこと	"Who paid for the story (el cuento*)?" "The story?" "No, it should be "the bill (la cuenta)". I'm sorry"	55 回
母語を使用する	意味を知らない言葉や表現の部分だけ母語を使って表現すること	"I play football 2 週間に 1 回"	20 回
話すトピックを変える	知識不足や興味がないことで，話すトピックを変えること	"私はこのテーマについてあまり詳しくないので，次の話題について話しましょう"	16 回
近い意味の言葉を使う	言い表せない言葉を表現するためなどの目的に，一般化した意味の言葉を使用すること	"Bird" (一般化) ―"Turkey" (具体化)	18 回
シンボルを使う	理解できていないこと，相手の考えを確認するときや賛成する時などに絵文字やシンボルを使うこと	"????" (シンボルを繰り返す) や "☺!!" など	64 回

＊スペイン語の "cuento" は男性名詞では「物語」，女性名詞では「勘定」の意味になる．

と「母語を使用する」イベントは学習面においてネガティブな影響があるとされているイベントであるが、20回以下と少ない。「シンボルを使う」ことは学習の情意面を支援するキーイベントとして理解できる（Garrison and Anderson 2003）。特にテキストチャット上では身振り手振りなどの社会的手がかり（Social cue）を使用することができず、自分の意図や感情など、非言語による情報伝達ができない。そのため、シンボルの使用は学習者の心的状況を伝える大変重要な発言である。この実践では64回とキーイベントの中で一番多い回数となっており、学習者の、スペイン語のコミュニケーションに対する積極的な姿勢がうかがえる。

Lee の実践は第2言語教育の分野では同期型CMCの利用が進んでおらず、実践も乏しい状況の中で、社会認知的アプローチの観点から評価を行い、意味交渉などの学習が促進されるインタラクションの存在を示した点で大変評価が高いものである。自分の意図を伝えるためには、テキストチャットは対面とは異なり、身振り手振りを使用することができず、文字と絵文字のみ使用できる。コミュニケーションの内容が文字としてディスプレイに視覚化されることで、リフレクションがおこり、意味を理解することだけではなく、文法や語彙の正確さにも意識が向き、学習が促進されたと考えられる。

Lee の実践では、ライティング能力を評価しているが、テキストチャットはスピーキング能力の育成に有効であるという研究もある（Abrams 2003）。最近は第2言語教育におけるビデオカンファレンスの有効性を検証する研究や実践も見られるようになってきた（Zähner et al. 2000; Yamada and Akahori 2007a, 2007b など）。声でコミュニケーションをし、相手の映像を見ることで、コミュニケーションの幅が広がり、実践的な第2言語能力を育成することが可能となった。しかし、声でコミュニケーションする方がよいのか、テキストチャットでコミュニケーションする方がよいのか、または相手の映像を見せて、身振り手振りを使用することがよいのかは学習目標と状況によるだろう。例えば Yamada and Akahori（2007a）は、テキストチャットはビデオカンファレンスと比較し、文法的意識を向上させるという有効性を示しており、第2言語能力でも文法的に正確に発言する力を育成するのであれ

ば，テキストチャットの方が望ましいとしている．学習目標と学習者の情意面，習熟度から，ツールや課題の設定を十分に検討するべきである．

4.2.2 青山学院大学の実践

Lee の実践は完全な遠隔状態で実践されたものであった．しかし，遠隔学習では学習動機の継続や，学習者の習熟度を個別に詳細に把握することが困難であり，対面授業との組み合わせで CALL を使用することが増えている．本項ではマルチメディア，携帯電話を対面の講義と組み合わせた青山学院大学の実践について説明する（Kimura 2007）．

情報通信技術の位置づけ

この実践は，プロジェクト学習として行われており，受講者自身が自主的に学習するように配慮された設計となっている．受講者に認知的学習方略と社会認知的学習方略の使用を促進させることで学習の動機づけを行い，自主的な学習を効果的にさせることを目的としている．表 4-4 に学習方略と情報技術の対応について示す．

実践の概要

本実践では，学習目標を，プレゼンテーションスキルを身につけることとし，5 週間実施された．学習者は 1 週目に活動のインストラクション，テーマの選択とグループ編成などの準備を開始し，2 週目から本格的な調査・インタビュー活動を行い，5 週目に英語でプレゼンテーションを行う．表 4-5 にその内容をまとめる．

本実践では学習のパフォーマンス評価のために 5 週間の実践の事前事後で CASEC（Computerized Assessment System for English Communication）という 1000 点満点のコンピュータテストを実施している．評価においては通常の講義と比較して，上記実践の有効性について検討されている．事前では通常講義の方が若干，成績がよい学生が受講していたが，事後テストでは実践を経験した学生の方が，成績が向上している．表 4-6 にその結果

表 4-4 学習方略と情報技術の対応（Kimura 2007）

方略	情報技術	使用方法
計画する（Planning）	・Learning Management System（LMS）	・BBS ・自分の作業進捗管理や，アイデアをシェアする
情報検索（Information Seeking）	・LMS ・携帯電話 ・デジタルカメラ	・インターネットによる情報検索 ・サーバー上に保存されているデータを参照する ・写真などビジュアルなデータの収集をする
目標設定 （Goal-settings）	・LMS	・各自のゴールを LMS 上の機能を使って記述する
リハーサル （Rehearsing）	・音声合成ソフトウェア ・携帯電話（図 4-3）	・発音の確認 ・リスニングコンテンツ配信によるリハーサル
記憶（Memorizing）	・携帯電話（図 4-3）	・定期的に重要事項を書く ・その内容をチェックする
自己モニタリング （Self-monitoring）	・LMS	・LMS 上の自己評価シートを使って，自分の学習活動をチェックする
社会的支援を求める （Seeking Social Assistance）	・LMS ・携帯電話	・質問をする ・クラスメイトからの手助けを求める
自己評価する（Self Evaluation）	・LMS（図 4-4）	・個人の e ポートフォリオを LMS にアップロードする

表 4-5 Kimura（2007）の実践概要

学部　経営学部　　受講者数　33 名　　期間　5 週間	
学習目標　プレゼンテーションスキルを身につけること	
活動内容　・業界をリードする企業についてプレゼンテーション 　　　　　・外国人にインタビューする 　　　　　・社会問題に対する解決策をプレゼンテーション 　　　　　・自分たちのビジネスアイデアについてプレゼンテーション	

図 4-3 携帯電話上で起動する英語学習システム（左：メニュー画面　右：リスニング教材）（Kimura 2007）

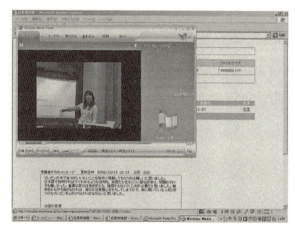

図 4-4 LMS 上で自分のプレゼンテーションを振り返り，評価をする活動（Kimura 2007）

を示す．

　受講者からの実践に対する感想も，「以前は英語学習が辛いものだったが，この実践を通じて，さらに学習しようと思った」，「シャイな性格だったが，この実践を通じて，自分の意見を伝える大切さを理解し，自ら進んで伝える

表 4-6 CASEC による評価(Kimura 2007)

		人数	平均点
事前テスト	本実践	30	475.85
	通常講義	26	483.70
事後テスト	本実践	30	561.88
	通常講義	26	512.31

ことができた」,「携帯電話を使って, 自分で学習することができるのは, 便利だし, いいものだと思った」,「クラスメイトから多くのことを学ぶことができ, 大変有意義な実践であった」といった, 本実践が目指した設計思想と根底にあるアプローチの有効性を示すものであった.

　本実践では社会認知的アプローチの観点から学習方略と情報技術をカリキュラムに統合し, 情意面と実際のパフォーマンスに対する有効性を示唆したことで今後の実践的研究の1つの方向性を示したと言える. また学習に対する動機付けという情意面の観点からパフォーマンスに対する有効性を示したという点も着目すべきである. 社会認知的アプローチという学習者や教員だけではなく, 教材といった学習環境とのインタラクションも学習の中心を担うという理論においては学習者や教員の情意面がその場で行われる学習に強く影響する. 本研究は動機付けという情意面への有効性を大きな目標設定としており, 自主的に学習していく学習者の育成にもある一定の有効性を示している. 今後は教材の内容, 習熟度や第2言語教育に対する姿勢など学習者の属性がどのように学習のパフォーマンスへ影響するのかという点に関して, その具体的なプロセスについても研究がなされるべきであろう.

4.3　ま と め

　本章では前半部分でCALLが利用される理論的背景, 目標とされる能力に関して, 構造的アプローチ, 認知的アプローチ, 社会認知的アプローチの枠組みに基づき, それぞれのアプローチで主に使用された技術, 言語観, 学

習目標などについて説明した．後半部分では近年，実践的な第 2 言語能力の育成の必要性が叫ばれる中，多くの研究者や実践家から支持が厚く，研究数も多い社会認知的アプローチの観点から 2 つの実践的研究について触れた．

第 2 言語教育研究はさまざまな教育研究と結びつきながら，学習における情報処理という人間の認知に関わる研究だけではなく，第 2 言語教育の方法，教材の設計など多くの知見を出してきた．ここ 20 年では学習の情意面に関係する研究も盛んに行われるようになった．情報通信技術も発展し，第 2 言語教育に応用されてきた．理論と技術の発展を受け，第 2 言語教育におけるデジタル教材の利用を検討する要点は 2 つある．

1 つは理論をベースにしたデジタル教材の利用を検討することである．最近はインターネットを使用した第 2 言語教育も増えてきたが，ただ単純にインターネットを使用しても，第 2 言語能力の育成に結びつくものではない．設定する学習目標と学習科学などの関連諸分野に依拠した第 2 言語学習理論に基づいてデジタル教材は使用されるべきである．Lee のように CMC を使用するならば，社会心理学の研究知見も大変参考になるだろう．本章では紙幅の関係で社会認知的アプローチを中心に論じたが，ドリル学習など学習形態を否定するものではない．設定する学習目標に合わせてデジタル教材を第 2 言語教育に利用する際には，本章で紹介した Peterson (2000) が示すような観点がヒントになるだろう．

2 点目としては，何を以て能力向上とするのか，評価の観点がますます複雑になったことである．従来のアプローチに沿う場合，設定する学習目標やデジタル教材における学習内容が明示的であるため，語彙の記憶量や問題の正答数などで能力の伸びを単純に評価することが可能である．しかし，社会認知的アプローチの場合，問題解決や提案型プレゼンテーションをさせるなどのタスクベース学習では単純に能力の伸びだけではなく，発言の内容，態度，タスク遂行の効率性，現実場面で実際に身につけた能力が発揮できたのかといったさまざまな評価の観点がある．これらの観点が複雑に関係し合い，能力が向上することを前提としたアプローチであるため，単純に授業後のテストでスコアが上がったとしても，それだけでは社会認知的アプローチを採

第 4 章　第 2 言語習得での活用——75

用したデジタル教材の効果測定にはならないということは留意する必要がある．学習プロセスや能力が発揮される状況を踏まえた評価も考慮されるべきだろう．Lee（2002）が示したキーイベントは評価指標として大変参考になる．またお互いに教え合う発言の数も重要な観点だろう．また，インタビューなどで質的な分析を行うことも有用である．

いまやデジタル教材を使用することで，第2言語を使用する環境に乏しい日本において，大学の授業だけではなく，日常から第2言語に触れる機会を増やすことができ，海外で現実に使用される第2言語に触れることや，国内においても第2言語を使用する業務の遂行に役に立つ実践的な第2言語能力の育成が可能となった．今後の課題としては，社会認知的アプローチに沿ったデジタル教材では，情意面や社会環境とのインタラクションが重視されるため，それらと機能要素がどのように関係し，技能向上に寄与するのか，さらには現実の場面で能力が発揮されるようになるのか，詳細な分析が求められる．

[参考文献]

Abrams, Z. I. (2003) "The Effect of Synchronous and Asynchronous CMC on Oral Performance in German", *The Modern Language Journal*, 87 (2), pp. 157–167.

Canale, M. and Swain, M. (1980) "Theoretical Bases of Communicative Approaches to Second Language Teaching and Testing", *Applied Linguistics*, 1 (1), pp. 1–47.

Chapelle, C. (1998), "Multimedia CALL : Lessons to Be Learned", *Language Learning & Technology*, 2 (1), pp. 22–34.

Chapelle, C. (2003) *English Language Learning and Technology : Lectures on Applied Linguistics in the Age of Information and Communication Technology*, Amsterdam, John Benjamins Publishing.

Clark, H. H. (1994) "Managing Problems in Speaking", *Speech Communication*, 15, pp. 243–250.

Garrison, D. R. and Anderson, T. (2003) *E-LEARNING in the 21st Century—A Fra-*

mework for Research and Practice, London, UK: RoutledgeFalmer.

Hymes, D. (1972) "On Communicative Competence", in J. Pride and J. Holmes (eds.), *Sociolinguistics*, Harmondsworth: Penguin pp. 269–293.

Kimura, M. (2007) "Learner Autonomy and Multimedia Technology", *Proceedings of ED-MEDIA 2007—World Conference on Educational Multimedia*, Hypermedia & Telecommunications, pp. 3570–3575.

Krashen, S. (1985) "The Input Hypothesis: Issues and Implications", Torrence, CA: Laredo Publishing Company.

Lee, L. (2002) Synchronous online exchanges: A study of modification devices on non-native discourse, *System*, 30, pp. 275–288.

Lee, L. (2004) "Learner's Perspectives on Networked Collaborative Interaction With Native Speakers of Spanish in the US", *Language Learning & Technology*, 8(1), pp. 83–100.

Levy, M (1997) *Computer Assisted Language Learning: Context and Conceptualization*, OX, UK: Oxford University Press.

Long, M. (1981) "Input, Interaction, and Second Language Acquisition", *Annals NewYork Academy of Sciences*, 379, pp. 259–279.

Mayer, R. (2001) *Multimedia Learning*, New York: Cambridge University Press.

Peterson, M. (2000) "Directions for Development in Hypermedia Desing", *Computer Assisted Language Learning*, 13(3), pp. 253–269.

Plass, J.L. and Jones, L.C. (2005) "Multimedia Learning in Second Language Acquisition", Richard Mayer (ed.), *The Cambridge Handbook of Multimedia Learning*, New York, USA: Cambridge University Press.

Schmidt, R. (1990) "The role of consciousness in second language learning", *Applied Linguistics*, 11, pp. 17–46.

Skehan, P. (1998) *A Cognitive Approach to Language Learning*, OX, UK: Oxford University Press.

Vygotsky, L.S. (1978) *Mind and Society*, Cambridge, MA: Harvard University Press.

Warschauer,M. and Healey, D. (1998) "Computers and Language Learning: an overview", *Language Teaching*, 31, pp. 57–71.

Yamada, M. and Akahori, K. (2007 a) "Social Presence in Synchronous CMC-based Language Learning: How Does It Affect the Productive Performance and Consciousness of Learning Objectives?", *Computer Assisted Language Lea-*

rning, 20(1), pp. 37-65.

Yamada, M. and Akahori, K. (2007b) "Self Awareness and Learning Performance in Videoconferencing with Self and Partner's Image", *Proceedings of ED-MEDIA 2009—World Conference on Educational Multimedia*, Hypermedia & Telecommunications, pp. 1190-1197.

Zähner, C., Fauverge, A. and Wong, J. (2000) "Task-based language learning via audiovisual networks: The LEVERAGE project", in Warschauer,M. and Kern, R. (eds.), *Network-based Language Teaching: Concepts and Practice*, Cambridge, UK: Cambridge University Press, pp. 186-203.

［推薦図書］

Peter Skehan (1998) "A cognitive approach to language learning", *Oxford Applied Linguistics*, OX, UK: Oxford University Press.
第 2 言語習得のプロセス，タスクの設計，タスクテーマの選定などの要点が認知心理学の観点から整理されている．

Mike Levy and Glenn Stockwell (2006) *CALL Dimensions: Options and Issues in Computer-Assisted Language Learning*, London: Lawrence Erlbaum Associates, Publishers.
CALL の設計の要点や最近の情報技術が第 2 言語教育へどのように利用されているかなどが，わかりやすく整理されている．

村野井仁 (2006)『第二言語習得研究からみた効果的な英語学習法・指導法』東京：大修館書店．
第 2 言語習得に関する諸理論と授業実践方法を結びつけて説明されている良書．こういった本は授業方法に偏りがちなのだが，この本は研究についてもしっかりまとめられており，大変わかりやすい．

第5章　企業内教育での活用

e ラーニング

5.1　企業内教育と情報通信技術

5.1.1　CAI と企業内教育

　企業内教育においては，1980 年代前後の CAI（Computer Assisted（Aided）Instruction）ブームの頃よりデジタル教材が用いられ始めた．当時のデジタル教材の特徴は次の 4 点となる．

　第 1 点目は，ハードウェアに依存した教材作りを余儀なくされていた点である．現在は SCORM 等のコンテンツの標準規格が普及しているが，当時はコンテンツの標準化はおろか，ハードウェアのレベルで仕様が異なっていたため，デジタル教材はハードウェアと一体のシステムとして開発・提供されるケースが多かった．

　第 2 点目は，教室に集まっての個別学習という方法をとっていたことである．当時は職場に一人一台パソコンが普及していない時代でもあり，かつ前述のように教育用途に特化したハードウェアを利用していたため，導入企業では研修所内にこれらの機材を設置した教室をつくり，そこに社員を集めデジタル教材を学習させていた．

　第 3 点目としては，教材で取り扱うテーマの多くが，BASIC 等のプログラミング教育や情報処理技術者試験の対策コース等，コンピュータ技術に関するものだったことが挙げられる．オフィスにコンピュータが導入され始めた時期であったため，プログラマーなどの育成ニーズが高まっていたことが

その一因として考えられる.

第4点目は，CAIの特徴である教授・学習の個別化による教授の最適化を目指した学習方略が教材に採用されていた点である．当時の教育現場には「機械で人間の教育ができるのか」という声が多かったが，それに対し，CAIではコンピュータから結果の知識をフィードバックすることで，むしろ多くの受講生に対する個別指導が可能となり，学習効果が向上することをアピールしていた（第1章参照）.

しかし，こうしたデジタル教材を導入する企業は少数に留まり，導入した企業においても継続的に活用されず下火となっていった．その大きな要因は，コンテンツ開発費やハードウェアの保守メンテナンス費等のコストが高かったためである．さらにハードウェアレベルでパソコンの仕様が不統一であったため，特定のマシンに特化したコンテンツ作りを余儀なくされたことや，コンピュータを操作できる社員が当時はまだ少なかったことも衰退の一因として考えられる.

5.1.2　eラーニングと企業内教育

CAIブームが去った後，企業内教育でのデジタル教材活用の動向はいったん影を潜めることになる．そして，職場でのパソコンとインターネットの普及等，デジタル教材で学習するための情報化基盤が整備され始めた2000年を過ぎた頃から「eラーニング」ブームが始まり，再びデジタル教材に脚光があたるようになった．多くの情報システムベンダーや教育事業者がeラーニングのシステムやコンテンツを開発し，それらを導入する企業が急増した．『eラーニング白書』（先進学習基盤協議会 2001；経済産業省 2007）によると，2000年の時点ではeラーニングを導入している企業は11.0％に過ぎなかったが，2006年の調査では54.6％と急増した．特に大企業ほど導入率が高くなっており，従業員5,000人以上の企業では8割以上が導入している．この時期のデジタル教材の特徴は次の4点となる.

第1点目は「標準化」である．多くの教材はhtmlやFlash等，インターネット上の標準技術に基づいて開発され，さらにはSCORMと呼ばれるコ

80——第Ⅱ部　デジタル教材の活用と展開

ンテンツと学習管理システム（LMS）間の通信プロトコルやコンテンツパッケージングに関する規格も登場した．これにより CAI の時代と異なり，特定のハードウェアや学習管理システムに依存しないデジタル教材開発が可能となった．

第2点目としては，「いつでも・どこでも」学習できるようになったことが挙げられる．パソコンと高速のインターネット回線が職場や自宅に普及し，Web を利用した教育が普及した．それにより，教室に出向く時間やコストの削減，すきま時間を活用した学習，全社一斉教育の実施等が可能となり，企業への e ラーニング導入に拍車がかかることになった．

第3点目は教材で取り扱うテーマの多様化である．e ラーニングブームが始まった当初は CAI の時代同様，IT・コンピュータ系の分野が多かったが，『e ラーニング白書』（経済産業省 2007）によると，2006 年現在では経理，コンプライアンス，マナー，営業・販売，経営・管理等多様な分野で e ラーニングが活用されている．

第4点目は，インストラクショナル・デザインの普及である．CAI の時代には一部の教育工学や学習理論に通じた専門家がシステムからコンテンツまですべてを開発していた．しかし e ラーニングの時代となり，これまでそれらの理論に関心の低かった企業内教育関係者がコンテンツ開発の拠り所としてインストラクショナル・デザインの手法を取り入れ，学習を科学的に捉え直す動きが出始めている（第7章参照）．

5.1.3 教材開発体制の変化

前述のように教材のテーマが多様となってきた要因の一つに，これまでセミナーや通信教育といったアナログ手段で教育を提供してきた教育事業者が e ラーニング市場に参入してきたことが挙げられる．CAI ブームの際は，ハードの開発，ソフトの開発，教材の開発を一つの企業が担当していたが，e ラーニングの時代に入ってからは分業体制が進展したため，IT とは縁遠かった教育事業者がこの市場に参入し，多様なテーマのコンテンツが開発・提供されるようになった．

表5-1　企業内教育におけるデジタル教材の活用——CAIとeラーニングの比較

	CAI	eラーニング
教材の仕様	ハードウェアと一体. メーカー独自の仕様	ハード，LMS，コンテンツが分離，規格の標準化
学習形態	教室に集まっての個別学習	インターネットによる学習
教材内容	コンピュータ技術	テーマの多様化
デザインの方法	個別化による教授の最適化	インストラクショナル・デザイン
教材開発の主体	ハードウェアやソフトウェアを開発する企業	教育事業者，企業教育担当者
メリット	学習効果の最大化	学習の自由度（いつでもどこでも）

　さらに，操作の簡単なeラーニングコンテンツ開発ツールが普及したため，企業固有の知識に関する教材を，企業内で作成する「内製化」の動きが広がっている．教材開発の主体はITベンダーや教育事業者の手さえも離れ，企業内の教育担当スタッフに移りつつある．

　以上が企業内教育におけるデジタル教材の活用の経緯および活用の概要であるが，時代ごとの特徴をまとめると表5-1となる．

5.2　事例1　プログラム学習理論に基づくeラーニング

5.2.1　教材の概要

　ここでは，プログラム学習理論に基づくeラーニングの事例として，SANNO KNOWLEDGE FIELD（以下SKFと略）を取り上げ，それらへの学習理論の適用について解説する．SKFは，2001年6月よりサービスを開始した企業向けのeラーニングシステムである．学習者や企業の教育担当者が，産業能率大学が運営するサーバーにアクセスして学ぶASP（アプリケーションサービスプロバイダー）型のeラーニングで，2008年には17コースを開講している．

　産業能率大学では従来遠隔教育の手段として，主に紙テキストと郵便を用

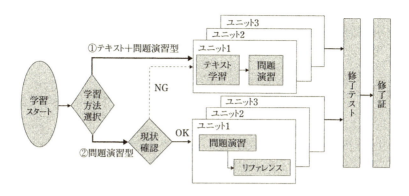

図 5-1　SKF 学習の流れ

いた通信教育を用いてきた．SKF システムの開発においては「紙と郵便でなく，パソコンとインターネットを用いてこそできることは何か？」を問い続け，"3 つの学びのしくみ" Arrange・Achieve・Assist の特徴を持つ e ラーニングを開発した．

Arrange

　Arrange とは，学習者ごとに異なる前提知識に対応した学習方法を提供する機能のことを指し，個別化による教授の最適化を実現している．SKF では 2 通りの学習方法，①テキスト学習に取り組んだ後，問題演習に着手する「テキスト＋問題演習型」と，②問題演習にチャレンジし，不正解の問題だけ関連リファレンスを参照する「問題演習型」，を用意している（図 5-1 参照）．問題演習型を選択した学習者はまず現状確認テストにチャレンジし，そこである程度の前提知識を有していると判断された学習単元（ユニット）は「問題演習型」で，そうでないユニットは「テキスト＋問題演習型」で学習する．

Achieve

　Achieve とは学習の目標をきちんと達成させるしくみのことを指す．従来の通信教育の場合，最初にレポート問題を開き，次に出題箇所をテキスト

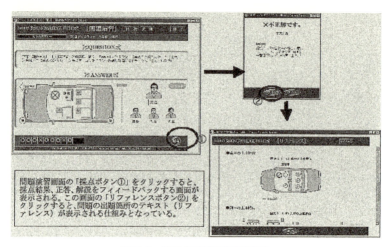

図5-2　SKF問題演習画面遷移

から探し，そこだけを学ぶ学習者が少なくなかった．そのため，学習評価やフィードバックは曖昧にならざるを得なかった．そこで，SKFではコース内のすべてのページ（リファレンス）ごとに複数の問題演習を実装し，学習評価とそのフィードバックをきめ細かく実現することを可能としている（図5-2参照）．

Assist

Assistとは学習動機の維持を支援する機能を指す．SKFでは遠隔教育における学習の修了率を向上させるため，コース開始時に自ら学習スケジュールを設定する機能と，学習進捗に連動した励ましのメールが送信される機能を実装した．さらに，ログインもしない学習者には，ログインを促す受講促進メールを一定期間ごとに自動配信することで学習着手へのきっかけを作っている．結果として，従来の郵便による通信教育と比較し，約2割程度高い修了率を実現している．

5.2.2　学習理論との対比

SKFでは，初学者がベーシックなビジネス知識を着実に学習するシステ

ムを目指し開発したが，その結果スキナーの提唱するプログラム学習の原理に沿った設計となった．個々の原理との対比は以下の通りである．

スモール・ステップの原理

SKF では，1回あたりの学習単位をユニットと呼ぶ．1コースは 10～25 ユニットで構成され，各ユニットは，3～5のリファレンスとそれに対応した問題演習から構成されている．コース，ユニット，リファレンスのそれぞれで学習目標を定義している．ビジネスパーソンが仕事のすきま時間で学べるように，1ユニットあたり 20 分程度で学習できるよう設計している．

積極的反応の原理

SKF では Flash アニメや講義動画を受動的に閲覧するだけでなく，学習目標の最小単位であるリファレンスごとに 2～4 問の問題を出題することにより能動的な学びを促進している．学習者はこれらの問題に解答し，一定の正答率に達しないと次ユニットに進めない構造となっている．

フィードバックの原理

市販の e ラーニングシステムの場合，1ページの中に複数の問題を提示し，次画面で複数の問題をまとめて正答情報や解説などのフィードバックを提示するものが多い．この方式の場合，学習者は全体の正答率に関心が向き，個々の問題の解説を読まなくなってしまう．そこで SKF では一問ごとに正答情報や解説をフィードバックする問題演習の方法を実装し，解説や出題元のリファレンスに学習者の関心が向くようにしている（図5-2参照）．

自己ペースの原理

コースの受講開始時に学習者が自ら学習スケジュールを設定し，各ユニットや問題演習には制限時間を設けずに自分のペースで学習できるよう設計している．

学習者検証の原理

　一部のコースでの実践に留まっているが，学習者の正答率データや修了後アンケートデータを活用し，コース全体の改善に役立てている．

　SKF は，基本的なビジネス知識を体系的かつ効率的に学習する上で最適なシステムを目指し開発された．また，教材開発者が各リファレンスに至るまできちんと学習目標の定義を行わないとコースウェアが開発できない仕組みとなっており，それがコースウェアの質の保証につながっている．しかし，こうした学習システムの制約は，知識の応用やより深い理解を喚起する学習には不向きなものとなっている．この点を補うため，基礎知識の習得をSKF で，知識をベースとしたスキルの向上や，より深い理解を集合研修で行う「ブレンディング研修」を実施している．

5.3　事例2　GBS 理論に基づく e ラーニング

5.3.1　教材の概要

　次に，GBS 理論に基づく e ラーニングの事例として，シミュレーション型教材「TARA-REBA e ラーニング」を取り上げ，それらへの学習理論の適用について解説する．

　企業の人材育成では単なる知識だけでなく，知識の活用を含むさまざまな「能力」の獲得が求められている．前述の SKF は知識獲得に特化した e ラーニングであるため，スキルや態度の獲得については集合研修とのブレンディングで対応してきた．しかし「e ラーニングは基本知識を獲得する手段だけで終わってよいのか？」という問題意識があった．そこで，単なる知識獲得を超え，実務で使える能力が身につく e ラーニングを目指し，シミュレーション型教材 TARA-REBA e ラーニングが開発された．

　本教材は物語形式となっており，主人公の田中がアジア最大の e ラーニングイベントである「e ラーニング JAPAN」の出展準備プロジェクトのマネジャーを任されるところから始まる．学習者は，田中の立場で学習（物語）を進める過程で，プロジェクトマネジメントに必要な知識とスキルについて

の理解を深める．学習者はプロジェクトの失敗ケースを閲覧した後，分岐型シナリオの TARA-REBA モードに挑戦する．ここでは，失敗ケースで感じた「私だったら……」「ああすれば……」を田中の発言や行動に反映させることでシナリオを操作し，キックオフミーティングを成功に導いていく．

5.3.2　学習理論との対比

　本教材は Goal Based Scenario（ゴールに基づいたシナリオ：以下 GBS と略）と呼ばれる教授設計理論に基づき設計されている．GBS は，Schank *et al.* (1999) が「学習者が学習のねらいとなるスキルを実践し，目標達成を支援する関連知識を用いることによって，ゴールを追求する Learning by Doing（行動による学習）のシミュレーション」と定義している．そして GBS の不可欠な要素として，「学習目標・ミッション・カバーストーリー・役割・シナリオ操作・リソース・フィードバック」の 7 つを挙げている．以下に，Schank *et al.* による GBS の 7 つの構成要素を，TARA-REBA e ラーニングの特徴と対比しながら概説する．

学習目標

　GBS での学習目標は，目標を達成するためのスキルの活用方法に関するプロセス・ナレッジ・ゴールと，活動の裏付けとなるコンテンツ・ナレッジ・ゴールの 2 つのカテゴリーに分類される．このうち TARA-REBA e ラーニングはプロセス・ナレッジ・ゴールに対応しており，「プロジェクトの目的・目標を理解し，プロジェクトをスムーズにスタートできること」を教材のゴールとしている．一方のコンテンツ・ナレッジ・ゴールについては，前述の SKF のコースとして用意されている「プロジェクトマネジメント超入門コース」で学習することにしているため，本教材には含まれていない．

ミッション

　GBS の開発では，まず学習者のモチベーションを喚起するミッションを決定する．今回作成した教材では，学習時間の制約があったため，シナリオ

の真正性を損なわないようプロジェクトの最初のステップだけを取り上げ，「プロジェクトのキックオフミーティングの成功」をミッションとした．

カバーストーリー

　カバーストーリーを決定する上で最も重要な点は，学習者がスキルを活用する機会と，学習してほしい知識を探索する機会を十分に用意することである．本教材は，「プロジェクト内示」「キックオフミーティング準備」「キックオフミーティング」の３つのカバーストーリーから構成される．学習目標達成において，上司からプロジェクトの目的・目標を聞き出すことが重要なため，カバーストーリーの中心は最初の「プロジェクト内示」に置いている．

役　　割

　学習者にどの役割を演じてもらうかは，GBS では重要な問題である．本教材で学習者が演じる役割は，主人公である田中となっている．当初は，プロジェクト立ち上げに必要なスキルをさまざまな視点から認識するため，プロジェクトのメンバーや上司の役割でも学習できるマルチアングルモードも検討したが，シナリオがあまりにも複雑になりすぎるため断念した．

シナリオ操作

　シナリオ操作では，①ミッションと学習目標の双方に関連した箇所で操作を行う，②学習者が正しくスキルと知識を獲得していれば正しいシナリオが再生される，③シナリオを語る時間を少なくし，スキルを実践する時間を多くする，等が重要となる．

　本教材の「TARA-REBA モード」では２つのシナリオ操作方法を実装している．１つは受動的な操作である．ミッションと学習目標に関連した箇所で，コンピュータから問題と選択肢が画面右に提示され，学習者はこれに回答し正しいシナリオに導くシナリオ操作である（図5-3参照）．

　もう１つは，シナリオへの介入ポイントを自ら決定する能動的なシナリオ操作である．ビジネスの世界では，自ら問題意識を持って能動的に質問する

88——第Ⅱ部　デジタル教材の活用と展開

図 5-3 受動的な操作

ことが求められる．そこで，学習者がどの時点で話しかけるかを考える仕掛けとして，会話相手の渡部課長をクリックすることにより，いつでも自分からアクションを起こせるインターフェースデザインを開発した．適切な箇所でクリックすると質問選択肢が表示され，シナリオを操作することができるが，不適切な箇所でクリックすると「おい田中，人の話は最後まで聞け」と音声で叱咤される．こうした能動的なシナリオ操作の方法を導入することにより，「教材がシナリオを語る時間」と「学習者によるスキル実践の時間」を融合し，能動的な学習を促進している．

リソース

　学習者が使命を達成するために必要な情報をリソースと呼ぶ．リソースは，アクセスしやすく体系化された形で用意されている必要がある．本教材においては，プロセス・ナレッジ・ゴールを学習目標としているため，リソースに関してはシナリオに埋め込まれた形で自然に学習者に提示している．一般的なeラーニングのシナリオでは優秀な先輩が登場し，主人公に助言を与える場合が多い．しかし現実の職場では，そのような優しくて優秀な先輩に恵まれることは稀である．TARA-REBA eラーニングでは，シナリオの真正

図 5-4　グータラ社員たけちゃんとの会話

性を維持しつつ学習者にプロセス・ナレッジを与えるため，優秀な先輩でなくグータラ社員である「たけちゃん」というキャラクターを登場させ，直接助言を得るのではなく，何気ない会話の中から主人公が自ら気づいて，プロセス・ナレッジを獲得するシナリオとした（図 5-4 参照）．

フィードバック

フィードバックは学習者が対象とする領域のコンテンツやスキルを学ぶきっかけとして提示される必要がある．本教材では，TARA-REBA モードの最後に行動の結果を通してのフィードバックを行っている．具体的には学習者の選択したシナリオ分岐のパターンに応じて，学習行動を分析評価し，どの行動がプロジェクト立ち上げの成否に影響したのかをフィードバックしている（図 5-5 参照）．

GBS 理論を用いた学習の最大の長所は，ビジネスのコンテキストに即した形で知識やスキルを学習できる点にある．またインタラクティブな教材への参画による学習意欲を喚起する効果も高い．一方短所は開発にコストと時間がかかることである．通常の単線型のシナリオ教材と異なり，分岐させる分だけ多くのシナリオを作成しなければならず，分岐したシナリオ間の整合

図 5-5 フィードバック画面（失敗した場合）

性の検証や分岐ポイントの設定，分岐点での質問事項等，検討事項は多岐にわたる．また，学習の視点から効果的なシナリオを作成する技術は確立されておらず，教材を開発できる人材が少ないということも大きな課題である．

5.4 まとめ

本章では，企業内教育におけるデジタル教材の活用の経緯を概説した後，産業能率大学で実施している2つのタイプのデジタル教材を紹介し，学習理論の視点から分析してきた．本章のまとめにあたり，企業内教育におけるデジタル教材の有用性および今後の課題について，紹介した教材の活用状況を交えて考察する．

日本イーラーニングコンソーシアム（eLC）が2006年に実施した「eラーニングユーザー調査」によると，企業の人事・教育担当者の重視するeラーニングの導入目的は，時間短縮等の研修の効率化（77.5％），従業員の受講率や修了率の向上（44.9％），集合研修の補足（31.5％）等となっている（経済産業省編 2007）．

5.2で紹介したSKFにおいても，これらの導入目的に即した活用の状況が確認できる．まず，受講後アンケートでSKFの学習方法がよいと回答し

た人にその理由を聞いたところ，「時間的制約を受けない」「自分のペースで学習できる」ことを利点として挙げる回答が多い．これは時間面での効率性を挙げるeLC調査の傾向と一致している．また，SKFではコンプライアンス関連のコース等が，全社員一斉教育に用いられることで，受講率の向上に寄与したり，修了率についても通信教育と比較し約2割程度高くなっていることから，「受講率・修了率の向上」という導入目的に対しても合致した活用状況となっている．さらに，集合研修の事前課題としてSKFを活用するケースも多く，「集合研修の補足」という導入目的に合致した活用状況も示されている．

　このように，企業の人事・教育担当者の考える導入目的に合致したeラーニングサービスを提供することで有用性を創出しているが，産業能率大学でのeラーニング事業の伸びはそれほど大きくない．また，業界全体でもeラーニングの普及を疑問視する声が少なくない．これにはさまざまな原因が考えられるが，大きな課題の1つとして，企業内教育の限定された範囲でしかeラーニングを活用してこなかったことへの反省が，最近多く聞かれるようになってきている．つまり，集合研修等に代表される公式な学習機会（フォーマルラーニング）の提供のみが企業内教育の範囲であり，eラーニングもその範囲内で従来の学習手段の代替として活用されてきたことへの反省である．

　小松（2008）は，「eラーニングとはICTやメディアでコンテンツを配信することと思い込んでいる人たちが多い．勿論それもeラーニングではあるが，eラーニングの可能性のすべてを引き出した活用法ではない．（中略）実務層が業務実践の文脈の中で業務に必要な情報や知恵（コンテクスト，フロー情報ともいう）をやり取りできる環境，すなわちインフォーマルラーニングがICTの強みを活かした新しい社会のeラーニングの本質であるということに気づかなければならない」と述べ，フォーマルラーニングに留まらないeラーニングの活用を訴えている．

　今後，社内SNS，Blog等Web2.0ツールの企業への浸透や，コンテンツオーサリングツールの進化により，業務実践の文脈の中で，ICT環境を介

してインフォーマルな学習情報の流通が増大するものと思われる．その際，今回紹介したようなフォーマルなデジタル学習教材との連携を図り，企業の中の学習環境の再構築を図ることがeラーニングの活性化を考える上で重要と考える．

[参考文献]

経済産業省編 (2007)『eラーニング白書 2007/2008』東京：東京電機大学出版局.

小松秀圀 (2008)「産業界の人材戦略におけるeラーニング」『IT時代の教育プロ養成戦略』東京：東進堂.

中原淳, 荒木淳子, 北村士朗, 長岡健, 橋本諭 (2006)『企業内人材育成入門』東京：ダイヤモンド社.

根本淳子, 鈴木克明 (2004)『企業内教育向け GBS チェックリストの提案』東京：日本教育工学会発表論文.

日本能率協会総合研究所編 (1985)『最新 CAI 事情』東京：日本能率協会.

日本パーソナルコンピュータソフトウェア協会編 (1987)『教育におけるコンピュータ・全資料』東京：日本パーソナルコンピュータソフトウェア協会.

産業能率大学教育工学研究センター編 (1985)『CAI のすべて』東京：産業能率大学出版部.

Schank, Roger C., Berman, Tamara R. and Macpherson, Kimberli A. (1999) "Learning by Doing (Chapter 8)", in C. M. Reigeluth (ed.), *Instructional-Design Theories and Models*, Vol. 2, pp. 161–181.

先進学習基盤協議会編 (2001)『eラーニング白書 2001/2002』東京：東京電機大学出版局.

[推薦図書]

経済産業省編 (2007)『eラーニング白書 2007/2008』東京：東京電機大学出版局.
　最も客観的な視点に立ってeラーニングを調査分析している資料である．とくに 2007/2008 年版までは，経済産業省の予算が充当されていたため内容が充実している．

中原淳, 荒木淳子, 北村士朗, 長岡健, 橋本諭 (2006)『企業内人材育成入門』東京：

ダイヤモンド社.

企業内人材育成を，心理学・教育学・経営学等のアカデミックな見地から解説している．絶妙な職場事例を用いて解説しているため，初学者にも読みやすい構成となっている．

野嶋栄一郎，鈴木克明，吉田文（2006）『人間情報科学とeラーニング』東京：放送大学教育振興会.

本章で紹介したSchankのGBS理論をはじめ，eラーニングに関する理論やインストラクショナル・デザイン等に関する解説が豊富である．放送大学の同題名科目のテキストとして開発されているため，体系的にeラーニングのことを学習するには最適な書物となっている．

第6章 学びと遊びの融合
シリアスゲーム

6.1 ゲームと学習の関係

　ゲームやシミュレーションを教育の場で利用する取り組みは，さまざまな分野で以前から行われてきたが，近年その流れとは異なる文脈から，「シリアスゲーム」と呼ばれる，デジタルゲームをエンターテインメント以外の分野の社会的問題解決に利用する取り組みに急速に関心が集まっている．本章では，この「シリアスゲーム」の動きが起こった経緯とその中心にある考え方を解説する．シリアスゲームが登場した背景として，まずゲームと学習に関する概念を整理した上で，近年のシリアスゲームの動向と主な開発・利用事例の解説を行う．

6.1.1 「ゲーム」が想起させる「不真面目さ」

　「ゲーム」(game) という用語は，一般的な言葉としてさまざまな意味で用いられる．辞書的な意味では「遊戯」や「競争」などの意味で用いられ，分野や言葉の使われる文脈によってその意味が異なってくる．通常は，カードゲームやテレビゲームのように，ゲームのメディアを示すか，パズルゲームやロールプレイングゲームのように，ゲームの種類を示す形で表現される．プレンスキーは，デジタルゲームの要素を次の6つに区分し，これらの要素の組み合わせでゲームが構成されているとした (Prensky 2001).

- ・ルール
- ・ゴールや目的
- ・結果やフィードバック
- ・競争や対立
- ・相互作用
- ・表現やストーリー

　ゴールや競争が明示されないゲーム，ストーリーのないゲームもあるが，多くのゲームはこれらの要素が何らかの形で含まれて構成されている．ゲームをする行為を表現する際には「プレイ」（play）という言葉が用いられる．プレイは，「遊ぶ・遊び」と訳され，そのほかにも「演奏する」，「（スポーツなどの試合を）行う」，「（役割を）演じる」などの意味を含んでいる．ゲームや遊びの持つ根源的な意味や発達上の意味については，昔から思想家や研究者たちが学習と関連付けて論じている．たとえば，フランスの思想家，カイヨワは，その著書『遊びと人間』の中で，遊びを「アゴン（競争を伴う遊び）」，「アレア（運や賭けを伴う遊び）」，「ミミクリ（真似・模倣を伴う遊び）」，「イリンクス（目まいやスリルを伴う遊び）」の4つに分類し，文化や社会における遊びの位置づけを考察している（Caillois 1961）．発達心理学の分野でも，ヴィゴツキーをはじめとする心理学者たちが発達や学習における遊びの重要性を論じている（Vygotsky 1976）．ヴィゴツキーは，幼児のごっこ遊びに着目して，子どもたちは単に快楽的な欲求を充足させるために遊ぶのではなく，遊びを通して現実の事象を抽象的に捉える認知的スキルを身につけ，社会的な役割や振る舞いを学んでいると考察している．

　ゲームも遊びも，本質的には人間の活動において重要なものとして捉えられている一方で，一般的な文脈では，欲得の絡んだ駆け引きや騙し合いのような否定的な感情や，余暇や道楽的な活動を指す意味で捉えられる傾向がある．そのため，仕事や学習のような「真面目な」文脈で用いてもその本意を理解されない場合が多い．

6.1.2 「ゲーム」と「シミュレーション」

　ゲームが否定的に捉えられる状況を示す例として,「シミュレーション」という用語の使われ方がある. オニールらによれば, シミュレーションもゲームも動的に表現された仮想システムである点で共通している (O'Neil *et al.* 2005). それに加えてゲームは, ルールに基づいた競争やゴールを規定する側面に焦点が置かれ, シミュレーションは現実世界のモデル化や模倣といった表現に焦点が置かれている. 必ずしも現実世界の表現を含まないゲームもあれば, 競争や達成すべきゴールを含まないシミュレーションもある. つまり, シミュレーションとゲームは共通の基盤を持ちながら, 構成要素の違いの部分で区別されている.

　ところが, 一般的な文脈では, ゲームが不真面目さを伴う意味で捉えられるのに対し, シミュレーションは中立的に受け止められる傾向がある. そのため, ゲームが想起させる不真面目さを避けるために, シミュレーションという名称があえて使われることも珍しくない (Prensky 2001). 単に不真面目さを回避するという理由で, ゲームをシミュレーションという言葉に置き換えるだけでは, 双方の持つ概念が正しく伝わらないという弊害が生じる. そのため, ゲームとシミュレーションの定義上の違いはあっても, 実際の用法としては曖昧になっている状況にある.

6.1.3　ゲームが学習にもたらす長所

　ゲームはその言葉の持つ「不真面目な」イメージのために正当な評価を受けずにいたと言えるが, そのような状況においてもゲームを学習や社会的な課題解決へ利用しようという関心は以前から続いており, さまざまな分野で研究が進められてきた.

　デフレイタスは, 過去に行われたゲームとシミュレーションの教育利用研究を網羅的に調査した結果, ゲームとシミュレーションが持つ長所として, 次の6つの要素が示されていると指摘している (de Freitas *et al.* 2006).

　・学習者を動機付ける

・学習者の自信や自己効力感を向上させる

・学習に没頭させる

・学習継続性を高める

・必要なスキル習得を支援する

・協調的な学習を支援する

　これらの長所の中でも特に，学習者の動機付けや活動への没頭を促す面が取り上げられることが多く，コンピュータゲームが登場して間もない頃から着目されていた．マローンとレッパーは，ゲームが持つ学習への動機を高める要素を研究し，(1) ゴールや課題の提示，(2) 好奇心の刺激，(3) 学習者の自由度，(4) 仮想的な表現，の4項目を，動機付けを取り入れた教材設計のための枠組みとして提示している (Malone and Lepper 1987)．このゲームの持つ，人の興味をひきつけて没頭させるという長所について説明される際には，人が何かの活動に没頭した状態を説明する「フロー」概念 (Csikszent-mihalyi 1990) がよく引用される．

　またテニーソンとヨークザックは，ゲームの持つ要素の側面から見て，次の4点を学習に関係している要素として指摘している (Tennyson and Jorc-zak 2007)．

・仮想的な文脈の提示

・問題の明確化

・相互作用と学習の自由の提供

・学習の支援

　「仮想的な文脈の提示」とは，ストーリーやグラフィックなどを用いた表現によって明示的，あるいは暗示的にプレイヤーが置かれた状況を説明することである．ゲームのルールや境界，価値観，ゲームの中でできることとできないことなどが状況として示される．

　「問題の明確化」は，ゲームの中でプレイヤーが到達すべきゴールや達成

すべき課題が文脈の中で与えられることを意味する．ゲームの冒頭に明示されることもあれば，プレイヤーが探索しながら発見することもあり，時にはプレイヤー自身が定義して進められる場合もある．

「相互作用と学習の自由の提供」とは，プレイヤーがゲームの中で行動した結果に合わせて状況が変化することであり，プレイヤー自身のペースに応じて必要な学習の内容や度合いが変化することである．

「学習の支援」とは，ゲームの難易度や情報量がプレイヤーの習熟度やゲームの進捗に合わせて変化し，適切なタイミングで必要な情報を提示するなど，段階的にプレイヤーの上達を支える仕組みが提供されていることを意味する．オンラインヘルプのような形で示されたり，繰り返しの練習機会を与えてスキルの習得を促進したり，多様な学習支援の手段が用いられる．

これらの多くは，コンピュータプログラムがプレイヤーに対して提供するものであるが，複数人でプレイできるオンラインゲームのような環境では，これにプレイヤー同士の社会的な相互作用が加わり，プレイヤー間の学習も要素として加わる．

このように，ゲームと学習には相互に深い関係があり，多くの研究や実践が行われてきたが，シリアスゲームは，これらの従来のゲームの教育利用研究とは異なる文脈で生まれ，進展しているという側面がある．

6.2　シリアスゲームの概要

6.2.1　シリアスゲームという言葉

シリアスゲームとは，「教育や社会における問題解決のためにデジタルゲームを開発・利用する取り組み」をまとめた概念である（藤本 2007）．単に学習ゲームのことだけを指すのではなく，特定のゲームのジャンルや利用方法だけを意味するものでもない．ゲームの教育への利用や社会問題への適用，ゲーム技術の応用など，ゲームの持つ力を社会のために利用しようとする考え方や，ゲームの新たな使い方を普及させようという取り組み全般をその概念に含んでいる．従来の学習ゲームや訓練ゲームではなく，あえてシリアス

ゲームという名称が用いられたのは，啓発や認知向上など，学校的な学習や訓練に限らない多様な分野と用途のゲーム利用も取り込むことのできる名称が求められていたためである（Sawyer and Smith 2008）．「シリアス」という，真面目さや真剣さを意味する形容詞がつけられたのは，前述したように，ゲームという言葉が不真面目さを含むものとして受け取られる傾向にあるためであり，真面目な用途で利用するゲームであることをあえて強調する必要があったことも背景にある．

6.2.2　シリアスゲームの展開

　シリアスゲームがこのように広い概念として定義されたのは，シリアスゲームが注目されるようになった経緯によるところが大きい．シリアスゲームへの関心が高まる動きは，21世紀初頭の米国に端を発している．デジタルゲーム技術全般の発達，ゲーム世代の社会進出など，ゲームを取り巻く社会的背景の変化の中，米陸軍が新兵募集のために開発した「アメリカズ・アーミー（America's Army）」や，高等教育分野の専門家とゲーム開発者たちによって開発された大学経営シミュレーション「ヴァーチャル U（Virtual U）」などが世に送り出されたことで，デジタルゲームの持つ可能性を社会的に利用することへの関心の高まりにつながった．それらと同じ時期に，デジタルゲームを利用した学習の可能性について論じた著作（Prensky 2001；Gee 2003 など）が相次いで出版されたこともその動きの後押しとなった．

　シリアスゲームへの関心は，従来のような学校や企業における教育分野だけではなく，軍事や医療，公共分野からも寄せられた．これは，非営利機関のウッドロー・ウィルソン国際研究センター（Woodrow Wilson International Center for Scholars）が，2002年にシリアスゲーム普及の取り組みを推進する非営利プロジェクト「シリアスゲーム・イニシアチブ」を設立してコミュニティを先導したことによるところが大きい．

　シリアスゲーム・イニシアチブは，公共政策分野におけるデジタルゲーム活用を推進することを目的に設立され，オンラインでの情報提供，参加者の情報交換の場の提供，カンファレンスやワークショップの開催を通して，シ

リアスゲームに関心を持つ人々のコミュニティを支援する活動を行っている.
2004年より毎年開催されている「シリアスゲームサミット (Serious Games Summit)」も,シリアスゲーム・イニシアチブによって企画された.
サミットは,シリアスゲームの開発者や研究者たちが一堂に会する場として機能し,多様な分野のシリアスゲーム研究・開発事例の発表が行われている.

数年の間に,シリアスゲームに関心のある人々のコミュニティの輪は急速に広がり,欧米や日本などの世界各地でシリアスゲームの国際会議が開催されるようになった.さらに,医療健康分野の「ゲームズ・フォー・ヘルス (Games for Health)」,社会問題への認知向上や社会変革のためのシリアスゲームコミュニティ「ゲームズ・フォー・チェンジ (Games for Change)」など,分野ごとに分化したコミュニティも形成された.これらのコミュニティについても,シリアスゲーム・イニシアチブが活動の体制作りを支援し,コミュニティの形成を支えるハブ的な役割として機能している.

シリアスゲーム・イニシアチブは,特定の業界や利益団体に偏らない中立的な位置づけで運営されており,そのことがコミュニティの開放性を生み,多様な分野の人々が集まりやすい環境を作り出している.結果として,多様なシリアスゲーム開発や研究がコミュニティの中で共有され,個々の活動が活性化し,シリアスゲーム研究への資金や人材の流れをよくするという効果を生んでいる.

6.3 シリアスゲームの事例

シリアスゲームの開発は,公共政策や社会活動,医療,軍事,学校,企業内教育など,多くの分野で進められており,毎年多くの事例が登場している.シリアスゲームの開発で特徴的なのは,シリアスゲームが開発に関わる多様な人々をつなぐコンセプトとして機能していることである.これにより,公共機関や非営利組織,大学など,従来はゲームに関わりの薄かった主体がゲームの開発に参画する機会が生まれ,利用者に新たな学習機会を提供している.

6.3.1 複数の主体が参加したシリアスゲーム開発

シリアスゲームの代表例としてよく取り上げられるのが，WFP（国連世界食糧計画）が開発した「フードフォース（Food Force）」である（図6-1）．このゲームは，子どもたちにゲームを楽しみながら国連の食糧支援活動への理解を深めてもらうことを目的として開発された．英語版が2005年4月にリリースされ，公開から6週間で世界40ヵ国から100万ダウンロードを記録するなど，高い関心を集めた．日本語，イタリア語，ドイツ語，ポーランド語，ハンガリー語，フランス語，中国語，ノルウェー語，フィンランド語などの各国語版が開発され，無料で提供されている．

このフードフォースは，8歳から13歳の子どもたちを主な対象としており，食糧支援地の偵察から，食糧の準備，提供，調達などの食糧支援活動を描写した6つのミニゲームをプレイしながら，支援活動の過程を体験し，理解を深めることができるようにデザインされている．ゲームの中で，各分野の専門家がキャラクターとして登場し，個々の活動の目的や重要性を説明し，プレイヤーが行う活動へのアドバイスをする．実際にWFPが取り組んでいる活動を紹介する映像や解説が組み込まれており，子どもたちがゲームで体験したことと実際の活動で行われていることが関連付けて考えられるように考慮されている．また，学校の授業で利用しやすくするための工夫も行われている．学校の授業時間に合わせやすいように，総プレイ時間は30分～1時間程度に設定され，教師用マニュアルや詳細な情報へのリンクなども整備されている．飢餓問題や食糧支援など，ゲームに関連したテーマの各種資料も提供されている．

大学経営人材養成のためのシミュレーションゲーム「ヴァーチャルU（Virtual U）」（図6-2）は，大学経営に関わるさまざまな要素が再現された仮想の大学で，さまざまな経営課題に取り組みながら大学経営の知識を身につけるゲームである．大学経営コンサルティングを行うジャクソン・ホール高等教育グループが企画し，非営利財団のスローン財団とスペンサー財団がスポンサーとなって開発資金を提供した．大学経営に関する統計データをペ

102——第Ⅱ部　デジタル教材の活用と展開

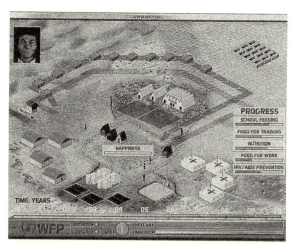

図6-1 Food Force ゲーム画面（© United Nations World Food Programme）

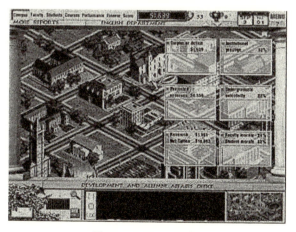

図6-2 Virtual U 画面

ンシルバニア大学高等教育研究センターが提供し，デジタルミル社のプロデュースのもと，ゲーム会社のエンライト・ソフトウェア社がソフトウェアの開発を担当した．大学経営研究の専門家や研究機関がゲーム内容に関する専門知識を提供し，ゲーム開発会社のエンターテインメントゲーム開発のノウ

第6章 学びと遊びの融合——103

ハウを活かした形で開発が進められた.

このヴァーチャルUでは，プレイヤーは大学経営者となって，予算編成や教育，研究，学生募集，スポーツ振興など，さまざまな大学経営上の重要事項について意思決定を行う．大学経営において直面する経営課題を含んだシナリオが提供され，ゲームを通してさまざまな状況下で問題解決に取り組む．プレイヤー自身が立てた仮説をゲームの中で実際に検証し，その評価が得られることから，仮説の長所や短所，改善点などを詳しく考察したり，授業で同じシナリオをプレイしたプレイヤーの結果と比較したりできる．このような特長を利用して，米国の高等教育や教育政策などの大学院課程など，世界各国の250以上の大学の授業や教職員研修の場で利用されている．

6.3.2 開発者人材育成と連動したシリアスゲーム開発

シリアスゲームの開発では，ゲームを利用する側の学習だけでなく，開発する側の学習にも着目しており，ゲームの開発とゲーム開発者人材の育成を組み合わせた取り組みもよく見られる．たとえば，消防士訓練用シミュレーションの「ハズマット：ホットゾーン（Hazmat : Hotzone）」は，米国のカーネギーメロン大学エンターテインメント・テクノロジー・センター（ETC）の大学院生の授業プロジェクトで，マイクロソフト，米国科学者連盟（FAS）の支援を受け，ニューヨーク市消防局などの協力で開発された．デジタルゲーム技術を利用して，大都市の地下鉄構内でバイオテロが発生した状況など，従来の模擬演習では設定が困難な環境を仮想訓練環境として再現している．ユーザーのニューヨーク市消防局は，このシミュレーションを利用することで，状況が詳細に設定された災害現場の環境下でのチームコミュニケーションの訓練を行うことができる．一方，プロジェクトに参加した大学院生たちは，ユーザーニーズの分析やユーザーテストで得たデータに基づいたデザインの改良など，シリアスゲーム開発において直面する課題に取り組みながら実践的な開発スキルを身につけることができる．

また，シリアスゲームのデザインコンテストを軸として，開発者人材育成とゲームの社会的利用を後押しする例も見られる．2006年にリーボック人

権財団，インターナショナル・クライシス・グループ，mtvU がスポンサーとなって開催された，ダルフール紛争問題への意識の喚起をテーマとしたデジタルメディアコンテスト「ダルフール・デジタル・アクティビスト・コンペティション」では，南カリフォルニア大学の学生グループが開発したシリアスゲーム「ダルフール・イズ・ダイイング（Darfur is Dying)」が最優秀作品に選ばれた．このゲームは一般メディアからの注目を集め，社会問題への認知向上にゲームが有効であることが広く社会的に認知された．このコンテストは，ゲーム開発を学ぶ学生たちが参加し，学生たちの開発したシリアスゲームが深刻な社会問題への認知向上のために貢献するという効果を生んだ．

このように，シリアスゲームをコンセプトとして設定することで，若いゲーム開発者たちがゲーム開発を学ぶ過程で社会で起きている問題に目を向け，ゲーム開発と社会のあり方に関心を持つ機会として機能している点も，シリアスゲームがもたらした一つの効果だと言える．

6.4 ま と め

本章では，ゲームと学習に関連した概念の整理と，シリアスゲームの定義や登場の経緯の解説を行い，特徴となる主な事例を紹介した．ここまで述べてきたように，従来の学習ゲームやシミュレーションと比べてシリアスゲームが特徴的なのは，多様な主体を巻き込んだ普及活動や，ゲーム産業と公的機関や諸分野の専門家が協力した開発プロジェクトなど，複数の主体が連携して取り組まれている点である．ゲームを教えるためのツールとして限定的に捉えるのではなく，ゲームのコミュニケーションメディアとしての側面やゲームの開発過程，利用用途の開発まで含めた形で学習を多面的に捉えている．これにより，教室以外の場でもさまざまな形でゲームを介した学習の幅を広げ，従来は生み出しにくかった学習コンテンツを開発する可能性を広げることにつながっている．ゆえに，シリアスゲームを単に学習ゲームと捉えたり，ゲーム的要素を含んだオンライン教材や，ニンテンドー DS の学習・

第 6 章　学びと遊びの融合——105

実用ソフトのようなものだけに限定して考えたりすると，欧米で起きているシリアスゲームの進展の意味を読み違えることになる．

　シリアスゲームの開発は，その開発体制の整備や資金調達，利用促進や普及活動といったプロデュースの手法として捉えると，デジタル教材開発の観点から参考になる点が多い．ゲーム開発者に開発を任せればよいというわけではなく，学びの要素と楽しさの要素を融合した質の高いゲームを開発するためには，学びの要素をよく理解した教育の専門家の役割も重要になる．まだ今日においては，ゲーム開発者と教育の専門家が試行錯誤しながら学びと楽しさのバランスを取っているのが現状だが，今後シリアスゲームデザインの知識が蓄積され，シリアスゲームデザイナーと呼ばれるような存在が現れるようになるにつれて，より質の高い製品が提供されやすくなっていくことだろう．

　シリアスゲームを利用した学習効果の評価の面では，従来のゲーム型教材と同様に，実証的な取り組みが十分に行われていないという課題が指摘されている（Baker and Delacruz 2007）．学習効率の点では，ゲーム的な要素を盛り込むと学習活動が冗長になりやすいという問題は以前から指摘されており（Malone and Lepper 1987），ゲームを授業で利用する場合の学習活動のデザインや指導の方法にも，従来の授業とは異なる工夫が求められる．

　シリアスゲームは，その取り組み自体は新しい反面，ゲームの教育利用に関する研究は以前から取り組まれてきている．以前からの研究成果の蓄積を取り入れながら新しい取り組みを続けていくことが，今後のシリアスゲームの進展と普及のために不可欠なことであると言える．

[参考文献]

Baker, E. L. and Delacruz, G. C. (2007) "A framework for the assessment of learning games", in H. F. O'Neil and R. Perez (eds.), *Computer Games and Team and Individual Learning*, Oxford, UK : Elsevier.

Caillois, R. (1961) *Man, Play, and Games*, New York : The Free Press, Glencoe.

Csikszentmihalyi, Mihaly (1990) *Flow : The Psychology of Optimal Experience*,

New York: Harper and Row.

de Freitas, S., Savill-Smith, C., and Attewell, J. (2006) *Computer Games and Simulations for Adult Learning: Case studies from practice*, London: Learning and Skills Research Centre.

藤本徹（2007）『シリアスゲーム——教育・社会に役立つデジタルゲーム』東京：東京電機大学出版局.

Gee, J.P. (2003) *What Video Games Have to Teach Us about Learning and Literacy*, New York: Palgrave Macmillan.

Malone, T. W. and Lepper, M. R. (1987) "Making learning fun: A taxonomy of intrinsic motivation for learning", in R. E. Snow and M. J. Farr (eds.), *Aptitude, Learning and Instruction, volume 3: Conative and affective process analyses*, Hillsdale, NJ: Lawrence Erlbaum Associates, Publishers, pp. 223–253.

O'Neil, H. F., Wainess, R., and Baker, E. L. (2005) "Classification of learning outcomes: Evidence from the computer games literature", *The Curriculum Journal*, 16(5), pp. 455–474.

Prensky, M. (2001) *Digital Game-based Learning*, New York: McGraw-Hill.

Sawyer, B. and Smith, P. (2008) "Serious Games Taxonomy", Presented at Serious Games Summit GDC, February 18, 2008, San Francisco, CA.

Tennyson, R. D. and Jorczak, R. L. (2007) "A conceptual framework for the empirical study of instructional games", in H. F. O'Neil and R. Perez (eds.), *Computer Games and Team and Individual Learning*, Oxford, UK: Elsevier.

Vygotsky, L. (1976) "Play and its role in the mental development of the child", in J. S. Bruner, A. Jolly, and K. Sylva (eds.), *Play. Its Role in Development and Evolution*, New York: Penguin Books.

[紹介したシリアスゲームの参照 URL]

America's Army　http://www.americasarmy.com/

Darfur is Dying　http://www.darfurisdying.com/

Food Force　http://www.food-force.com/

Hazmat: Hotzone　http://www.etc.cmu.edu/projects/hazmat_2005/

Virtual U　http://www.virtual-u.org/

[推薦図書]

藤本徹 (2007)『シリアスゲーム——教育・社会に役立つデジタルゲーム』東京：東京電機大学出版局.

　本章で論じたシリアスゲームの概要や特徴を詳しく解説した著作. シリアスゲームの事例が豊富に紹介されており，本章では取り上げなかったオンラインゲームの教育利用研究や，シリアスゲーム開発と導入のための考え方をまとめている.

マーク・プレンスキー (2009)『デジタルゲーム学習』藤本徹訳，東京：東京電機大学出版局.

　シリアスゲームの動きが始まる以前から長年にわたりゲーム型学習ソフトウェアの開発を手がけてきた著者による，デジタルゲーム学習の基本的考え方からデザイン，開発，導入まで体系的に論じた解説書.

サイトウアキヒロ，小野憲史 (2007)『ニンテンドー DS が売れる理由——ゲームニクスでインターフェースが変わる』東京：秀和システム.

　エンターテインメントゲームデザイナーの立場から，ゲームを面白くし，プレイヤーを夢中にさせるためのデザインの経験則を整理して論じている. ゲームのインターフェースデザインの発想の仕方や実践的なノウハウなど，デジタル教材開発のヒントとなるアイデアが豊富に紹介されている.

第III部 デジタル教材のデザイン論

第7章 デジタル教材を設計する

7.1 教材開発と設計理論

　デジタル教材は，関連情報へのリンクや動画再生など，アナログ教材では実現できなかった表現ができるという特徴を持っている．しかし，技術的な側面のみに主眼を置いた開発が，必ずしもよい教材を生み出すわけではないことは，過去に開発された教材の例を見れば明らかである．情報技術を教材に取り入れることは，教材の表現の幅を広げ，教材の効果を高めることにつながるかもしれない．しかし，そのためには，教材が学習の目標や学習者の状態，教材の利用場面などに即した形で設計されていることが必要である．

　そこで，本章では，一般的な教材を開発する際に拠り所となるいくつかの理論を紹介しながら，デジタル教材との関連を考えることにする．まず章の前半では，教材開発はもとより，教育システム全般の開発に広く利用され，成果を上げているインストラクショナルデザインの考え方について概説する．次に，章の後半では，教材開発を行ううえで考慮すべき人間の特性や学習の意味に焦点を当てた理論を取り上げ，デジタル教材の開発に各理論をどのように活かせるかについて議論する．

7.2 インストラクショナルデザイン

　インストラクショナルデザインとは，「教育活動の効果・効率・魅力を高

111

めるための手法を集大成したモデルや研究分野，またはそれらを応用して学習環境を実現するプロセス」（鈴木 2005）のことである．ここでは「学習環境」という言葉が用いられているが，これはインストラクショナルデザインの考え方が，教材そのものの開発というミクロなレベルから，開発した教材を用いた教育活動のデザインというマクロなレベルまで応用できることを表している．

　インストラクショナルデザインでは，教育のプロセスを，学習者や，教師，教材などの要素から構成される一連のシステムとして捉える．そして，そのシステムを通して出力される学習の成果が一定の基準に達するように，システムの各構成要素を繰り返し調整する．このように，ある目的のために，対象をいくつかの要素からなる系と捉え，要素間の関係を調整してゆく考え方をシステム的アプローチと呼ぶ．

　インストラクショナルデザインでは，教材の作成にも，このシステム的アプローチの考え方を利用する．具体的には，教材作成を，“Plan-Do-See” のサイクル，つまり計画→実行→評価→計画……というように，評価の結果が新たな計画に活かされる循環的なプロセスとして捉えるのである．こうした見方を取ることで，プロセスの様々な部分に潜む問題点をプロセスの循環の中で改善し，教材をさらによいものにすることが可能になる．

　以下では，こうしたインストラクショナルデザインのプロセスについて，最も代表的なモデルを取り上げ，より詳しく説明する．

7.2.1　インストラクショナルデザインのプロセス

　インストラクショナルデザインのプロセスの中で最も基本的なものは，図7-1 に示した ADDIE（アディー）モデルに従うものである．

　ADDIE とは，プロセスの中に含まれる，「分析」(Analysis)，「設計」(Design)，「開発」(Development)，「実施」(Implementation)，「評価」(Evaluation) の 5 つの段階の頭文字を取ったものである．

　このモデルにおいて，「分析」の段階では，教育の必要性や目的，学習者の現状や，教育内容などについて分析する．「設計」の段階では，前段の分

112——第Ⅲ部　デジタル教材のデザイン論

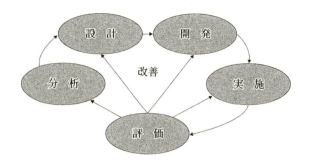

図 7-1　ADDIE モデル

析結果をもとに，教育の達成目標や，個別の学習活動の内容，学習の成果に対する評価方法など，具体的な教育の設計図を作成する．「開発」の段階では，設計図に基づいて，既存の教材の改良や，新規の教材開発などを行う．「実施」の段階では，開発した教材を利用して，教育活動を行う．「評価」の段階では，実施の結果を受けて，教材のよし悪し，学習者の反応や達成度などを評価する．

　これらの各段階は評価段階の結果を基に改善されるだけでなく，ある段階に取り組んでいるときに問題が判明した場合，それ以前の段階に戻って改善を行うということもあり得る．

　このように，プロセスを進行させることによって，「よい教育活動」が生み出されるだけではなく，プロセス自体もより洗練されたものになっていくところが，インストラクショナルデザインの考え方の魅力的な点であるといえる．

　さて，ここでデジタル教材の作成に ADDIE モデルを適用する場合，具体的にどのように取り組んでいけばよいかを考えてみたい．実際の作成場面を想定すると，厳密に段階ごとに分けて取り組むよりも，複数の段階をある程度まとめて同時に取り組むことの方が一般的である．そこで，以下では，分析と設計の段階，開発と実施の段階をまとめたうえで，それぞれの段階でどのようなことを行うのかについて概説する．

第 7 章　デジタル教材を設計する——113

7.2.2　分析と設計

学習者の現状と学習目標の分析

　デジタル教材を開発するにあたって，最初にすべきことは，学習者の現状と学習目標を明らかにすることである．つまり，どんな状態の学習者に，どんなことをできるようになってもらいたいのかを決定する．

　学習者の現状と学習目標は，教育活動をシステム的にとらえた場合，入力と出力に相当する非常に重要な部分である．これらを確定できなければ，その間を橋渡しするための教材に必要な数々の要件を決定することができない．

　学習者の現状や学習目標は，様々な形で表現することが可能である．例えば，「パソコンの初心者がパソコンを使えるようになる」というのも，学習者の現状と学習目標を表していることになる．

　しかし，このような表現を用いた場合，パソコンの初心者とはどのような状態であり，パソコンが使えるとは何ができることなのかが分からない．そのため，教材を作成しようにも，何をすればよいのか分からないという状態に陥ってしまうだろう．こうした状態を避けるには，学習者の現状や学習目標を明確にかつ具体的に記述する必要がある．

行動目標による学習目標の明確化

　学習者の現状や学習目標の明確化に有効な手段としては，学習目標を行動レベルで記述することが挙げられる．つまり，「パソコンを使えるようになる」という学習目標によって，実際には何ができるようになることを期待しているかを問い直し，より具体的で，観察可能な動詞を用いて記述するのである．

　このように記述した学習目標を「行動目標」と呼ぶ．例えば，「エクセルに実装される関数の名前を複数挙げることができる．またそれらの関数を複数組み合わせて利用することができる」というレベルまで具体的に行動目標を記述することができれば，その行動目標を達成するのに必要な教材をイメージするのはずっと容易になるだろう．

　さらに，「ヘルプを使わずに回答すること」などのように，学習目標がど

のような条件の下で達成されなければならないかを示す「評価の条件」や，「2つの関数を利用する例題に8割以上正解すること」などのように，どのようなことをどの程度できれば学習目標が達成されたと見なすかを示す「合格基準」を設定することも，学習目標の明確化には欠かせない点である．

　学習目標が明確化されれば，学習者の現状に関しても，「関数という言葉が分かるかどうか」，「数字の入力の仕方が分かるかどうか」など，行動目標と関連した形で把握することができる．こうした情報は，学習者が教材を利用するための前提条件を満たしているかを判断するために利用することができる．

学習課題の分類

　学習目標を明確化する場合，学習目標は数種類に分類可能であることを理解しておくと，行動目標として表現することが容易になる．

　鈴木はこれを「学習課題の種類」と呼び，「認知領域」，「運動領域」，「情意領域」の3種類に分類している（鈴木2002）．以下，この分類に沿って各領域を解説する．

　認知領域は，知的活動に関連する課題であり，一般に教材で最も取り扱われることが多い．認知領域は，教材に出てきた情報を覚えて思い出す「言語情報」の課題と，教材で学んだ内容を別の例に応用する「知的技能」の課題に分けられる．

　先の例でいうと，「エクセルに実装される関数の名前を複数挙げる」のは言語情報の課題であり，「それらの関数を複数組み合わせて利用する」のは知的技能の課題である．言語情報の課題で問われるのは「思い出せること」であり，知的技能の課題で問われるのは「応用できること」であるといえる．

　運動領域は，身体活動に関連する課題を表す．この領域で学習するのは「マウスを使ってアイコンをダブルクリックする」などの「筋肉の動き」である．ここで注意すべきなのは，知的技能との区別である．同じマウスを使った課題であっても，「マウスを使って特定のソフトウエアを起動する」のは知的技能である．この両者を区別するには，テストの方法を考えてみれば

第7章　デジタル教材を設計する——115

よい．知的技能は「あるソフトを起動するにはそのソフトに対応するアイコンをダブルクリックする」など，ペーパーテストの形で回答させることが可能だ．一方，運動領域は実技テストを通してのみ，実際にできるかどうかを確認することが可能である．

情意領域は，感情の動きに関連する課題を表す．この領域で学習するのは，「コンピュータの内部構造に関心を持つ」といった「態度」である．この領域は，学習目標として設定することは簡単であるが，その学習目標が達成されたかどうかを，行動レベルで把握するのは困難なことに注意が必要である．この領域の学習目標を設定する場合，例えば，ある学習者がコンピュータの内部構造に関心を持っているかどうかは，観察や，質問紙，インタビューなどを通して間接的に知ることしかできないことを理解しておく必要がある．

課題分析

以上のプロセスを経ることで，学習者の現状と，領域ごとに分類された具体的な学習目標を決定することができる．それをふまえて，次に取り組むのは，教材にどんな内容を，どのような順序で組み込めば，学習者が学習目標に到達できるかを分析することである．これを「課題分析」と呼ぶ．課題分析に利用する手法は，課題の種類によって異なる．以下，認知領域，運動領域，情意領域に分けて，課題分析の方法を解説する．

(1) 認知領域

認知領域の言語情報に分類される学習目標は，「覚える」ことが中心である．人間が一度に記憶できる量は7項目程度であるが，関連する情報をひとまとまりにすると，より多くのことを記憶できることが知られている．

例えば，エクセルには多くの関数が存在するが，これらを何の手がかりもなく記憶するよりも，まず，a.「統計量を求める関数」，b.「桁を操作する関数」，c.「算術関数」などの枠組みを作り，sum や average は a で，sin や cos は c というように覚える方が効率的である．

このように，学習目標に含まれる内容を，相互に関連するもの同士（クラ

スター）に分類する分析方法を「クラスター分析」と呼ぶ.

　言語情報の課題には，どの項目から覚えなければならないといった，学習の順序性は特にないため，そこから作られるクラスターにも順序性は生じない．このため，教材の中では，どのクラスターから取り上げていっても問題はない．

　認知領域の知的技能に分類される学習目標の多くは，より単純な知的技能や言語情報の組み合わせに分解することができる．

　例えば，「複数の関数を組み合わせて利用する」という知的技能が達成されるには，「組み合わせる関数の入力と出力の種類が適合するかどうかを判断できる」という知的技能と，「関数を組み合わせた式を作成することができる」という知的技能が必要である．さらに前者の知的技能には，「ある関数が入力としてとり得る形式や範囲を挙げる」という言語情報と，「ある関数が出力としてとり得る形式や範囲を挙げる」という言語情報が必要だ．

　このように，ある知的技能の前提条件となる知的技能や言語情報を次々に見つける分析を「階層分析」と呼ぶ．この分析の結果によって，最も基本的な知的技能や言語情報であるとされたものから順に教材に配置すれば，効果的な学習が可能となる．

(2) 運動領域

　運動領域に分類される学習目標の分析は「手順分析」と呼ばれる．これは，ある学習目標を達成するために必要な手順を時系列的に1つずつ列挙するものである．

　例えば，「マウスを使って特定のソフトウエアを起動する」という運動技能には，「どのアイコンがそのソフトウエアと対応するかを判断する」→「そのアイコンにポインタを持っていく」→「その場でダブルクリックする」という手順が必要である．この手順をよく見ると，「どのアイコンがそのソフトウエアと対応するかを判断する」は知的技能の課題であり，この課題を階層分析することで，さらに「アイコンに対応したソフトウエア名を挙げることができる」という言語情報が前提条件として必要であることが分かる．

第7章　デジタル教材を設計する——117

運動技能を教材に組み込む場合は，手順に含まれる認知領域の課題を学習させてから，実技を練習させる必要がある．

情意領域の課題に対しては，現状では確実な分析方法は存在しない．

(3) 情意領域

一方で，「なぜその態度を取るのか」，「ある態度を学習者が取るとき学習者はどんな行動をしているか」について考えることは可能である．前者は言語情報，後者は運動技能や知的技能として記述することができるため，これらに対する課題分析を，情意領域の課題分析の代わりに用いることが一般的には代替案となる．

例えば，「コンピュータの内部構造に関心を持つ」学習者は，「コンピュータのパーツを交換することで，後から安価に性能を上げられることを知っている」可能性が高いが，これは言語情報に分類可能である．こうした学習者は，「コンピュータを分解してパーツを取り外す」ことや，「そのパーツより性能がよいパーツを選択する」ことなどもできる可能性が高いが，前者は運動領域，後者は知的技能に分類可能である．

このように情意領域の課題では，その課題に深く関連する認知領域や運動領域の課題を分析し，教材に組み込むことになる．

指導方略と教材の構成

課題分析まで終えると，どんな状態の学習者が，どんな内容をどんな順序で学ぶことで，どんな目標に到達するかを，具体的にイメージできるはずである．

分析・設計の段階で最後に行うのは，どのように教えるかについて具体的に考えることである．

このために利用できる概念がガニェの9教育事象である．ガニェは授業や教材を構成する指導過程を，学びを支援するための外側からの働きかけ（外的条件）という視点で捉え，表7-1に示す9つの働きかけを提案している（鈴木2002）．日本では，授業の指導案などを書くときの手がかりとして，

118——第Ⅲ部　デジタル教材のデザイン論

表7-1 ガニェの9教育事象と導入・展開・まとめの対応

導　　入	1. 学習者の注意を喚起する 2. 授業の目標を知らせる 3. 前提条件を思い出させる
展　　開	4. 新しい事項を提示する 5. 学習の指針を与える 6. 練習の機会をつくる 7. フィードバックを与える
ま と め	8. 学習の成果を評価する 9. 保持と転移を高める

「導入」「展開」「まとめ」という分類が用いられることが多いが，ガニェの9教育事象は，これをさらに細分化したものと捉えることができる．

　教材の作成にこれを応用する場合，1番目のステップである「学習者の注意を喚起する」では，学習者が学習内容に対する興味をもてるような仕組みを盛り込むことになる．例えば「エクセルで足し算するとき，セルの中に＝1＋2＋5＋4……とたくさんの数を書いてうんざりしたことはありませんか」と問いかける部分を組み込むことがこれにあたる．

　2番目のステップ「授業の目標を知らせる」では，教材のその部分の学習目標が何かを学習者に知らせる．例えば，「合計を求める関数 sum について学習します」ということを学習者に明示する．

　3番目のステップ「前提条件を思い出させる」では，学習目標に到達するために利用する知識を思い出させる．例えば，「関数という言葉の意味を覚えていますか」という問いかけを行って，忘れているようであれば復習を行う．

　4番目のステップ「新しい事項を提示する」では，例えば，「関数 sum をつかって多くの数の足し算をやってみましょう」のように，新しく学ぶ内容を提示する．

　5番目のステップ「学習の指針を与える」では，例えば，「関数 sum を使って正しく足し算するには，計算範囲を選択する前に，入力した数字に誤り

第7章　デジタル教材を設計する——119

がないかをチェックします」などのように，学習目標を達成するのに有効な
ヒントを与える．

　6番目のステップ，「練習の機会をつくる」では，同種の問題を提示して，
学習した内容を練習させる．

　7番目のステップ「フィードバックを与える」では，練習で正しく学べた
かどうか，間違っているとすればどこが間違っているかを学習者に伝える．
フィードバックは練習の直後に行うのが効果的である．次の評価のステップ
に向けて，練習とフィードバックには十分な量と時間をかけるようにする．

　8番目のステップ「学習の成果を評価する」では，テストを通して，学習
目標がどの程度達成できたかを調べる．

　9番目のステップ「保持と転移を高める」では，学習内容を忘れた頃に復
習の機会をつくり，学習の成果を思い出して他の場面で応用できるようにす
る．

　以上，9つのステップにわたる教材設計の概要を理解できれば，後は，こ
れまでに行った課題分析に従い，学習目標に含まれる各課題について，1の
「注意の喚起」から，7の「フィードバック」までの流れを考えればよい．
それをまとめることによって，何を，どういう順序で，どのように教えるか
に関する設計仕様書を作成するのである．

　さて，ここまで教材一般の分析と設計のプロセスを見てきたが，デジタル
教材を作成する場合でも，そのプロセスにはほとんど違いはないと考えてよ
い．

　しかし，上述した9つのステップそれぞれを具体的に実現していく段階で
は，例えば「ビデオクリップを用いて注意を喚起する」，「シミュレーション
を組み込んで理解を助ける」，「学習履歴を利用して練習問題の内容や量を調
節する」など，デジタル教材ならではのやり方があるのも事実だ．

　ただし，そうしたデジタル教材の特徴は，学習者の状態，学習目標，学習
課題などの分析に対応させることによってはじめて，意味を持つことに注意
を払う必要がある．

120——第III部　デジタル教材のデザイン論

7.2.3 開発と実施

ここまで，教材の分析と設計について説明してきたが，次に取り組むのは教材の開発である．

過去に，インストラクショナルデザインのプロセスを考慮しないでデジタル教材の開発を行ったことがある人は，開発とは，試行錯誤が延々と続く大変複雑な作業であると考えているかもしれない．しかし，インストラクショナルデザインのプロセスに従う場合，開発とは，設計の段階を通して完成した設計仕様書を，具体的な形にしていく明快なプロセスとなるのである．

デジタル教材には，教師が行う授業の一部で用いるビデオクリップのようなものから，インストラクションのプロセスがすべてコンピュータの画面の中で完結するものまで，様々なレベルが考えられる．しかし，いずれの場合も，利用するメディアの特性と制約を理解したうえで，設計仕様書に盛り込んだ意図が，学習者に最もよく伝わるように表現を工夫することが，開発の重要なポイントである．

ところで，インストラクショナルデザインのプロセス全体を考えた場合，教材そのもの以外にも，開発の段階において開発しておくべきものがいくつかある．

例えばテストである．テストには，学習者が教材を利用する前提を満たしているかを判断する「前提テスト」や，学習者が教材を利用する前にどの程度これから学習する内容を理解しているかを判断する「事前テスト」，教材によって学習者がどの程度学べたかを判断する「事後テスト」などがある．これらのテストを，次の評価のプロセスで使用するために，「分析」段階の課題分析の結果を利用してあらかじめ作成しておく．その他，教材を利用する教師や学習者のためのマニュアル類も，開発の段階で作成する．

これらの開発がすべて完了すると，いよいよ教材を実際に利用する実施の段階である．実施の段階では，基本的にはこれまでに開発した教材を用いて教育活動を行う．ただし，デジタル教材の活用方法によって，注意する点が異なってくる．

例えば，ビデオクリップなどのデジタル教材を，教師による指導と組み合

わせて利用する場合は，ビデオクリップの利用場面の前後も含めた授業全体が，ガニェの9教育事象を含む構成になるように注意すべきである．一方，すべてのインストラクションがコンピュータの画面上で完結し，特に教師の介在を必要としないデジタル教材を用いる場合は，教育活動中にシステムが止まらず円滑に動き続けることに最も注意を払う必要がある．

また，実施の段階には，少なくとも2度取り組む必要がある．1度目は，「形成的評価」の前段階として，必要なデータを集めるために教材を用いる場合である．形成的評価とは，教材を改善するための評価であり，その結果に問題があれば，教材に修正を加える．形成的評価と改善のプロセスを何度か繰り返し，教材が満足のいくものになれば，教材は教育活動の中で本格的に用いられることになる．教育活動が完了した段階では教材の効果を対外的に説明するための「総括的評価」が行われ，ADDIE モデルの1サイクルが完了する．

なお，教材の形成的評価や総括的評価など，評価に関連する事柄については，第8章を参照されたい．

7.3　教材設計に有用な理論

さて，これまで，教材設計のプロセスについて概説してきたが，学習者にとって有効な教材を作るためには，学習者の動機付けや認知，学習の意味などに関して理解しておくことも重要である．以下ではそうした事柄に関連する理論を3つ取り上げ，解説する．

7.3.1　ARCS モデル

教材によって学習効果を高めるためには，何よりもまず，学習者に教材を使い続けようと思ってもらう必要がある．

学習者の学習意欲を，どのように引き出せばよいのかについて言及した動機付けの理論の中では，Keller によって提案された ARCS モデルがよく利用される（鈴木 2002）．

ARCS モデルとは，「注意」（Attention），「関連性」（Relevance），「自信」（Confidence），「満足感」（Satisfaction）の頭文字を取ったもので，学習意欲をこれらの4つの側面から理解しようというモデルである．

注意（Attention）の側面では，目立つイラストをつかって知覚を刺激したり，なぜだろうと好奇心を持たせるようにしたり，教材がマンネリにならないように変化させるなどの工夫をすることが重要である．

関連性（Relevance）の側面では，学習内容を学習者の関心事に関連づけたり，学習者の視点から学習の目的を理解させたりして，学習を自ら楽しめるように工夫することが重要である．

自信（Confidence）の側面では，教材の目標を明示して，自分のペースで学習の成果を確認しながら，少しずつ進んでいけるように工夫することが重要である．

満足感（Satisfaction）の側面では，学習者に努力の成果を確認させ，積極的にほめるようにする．またテストを行う際には内容や基準が，それまでの学習の内容や目標から見て公平であるように努めることも重要である．

これらの観点を，インストラクショナルデザインのプロセスに組み込むことによって，教材をより魅力的なものにすることができる．

7.3.2　認知的柔軟性理論

インストラクショナルデザインのプロセスにしたがって，様々な教材を作成してみると，数学や理科の問題に比べて，国語や社会，総合的な学習の時間に扱う環境などの問題に対しては，課題分析の手法をうまく適用できない場合が多いことに気づくだろう．

数学や理科では，新しく学習することが，前に学習したことの延長線上にあり，課題が構造化されている．一方，国語や社会などでは，新しい学習内容の前提となる知識が，これまでの学習に出てきていなかったり，他の教科にまたがっていたりするなど，多くの要素が絡み合った複雑な課題構造を持っており，課題を単純な要素に分解するが難しいのである．

こうした複雑な構成の課題に取り組む手がかりになる理論として，「認知

的柔軟性理論」が挙げられる．認知的柔軟性理論はスピロが 1990 年代に提案した理論である．この理論によると，人間の認知構造や記憶の仕方は，どんな教えられ方をされるかによって，大きく変わってくるとされる．特に，1 つの物事をいろいろな角度から検討したり，いろいろな事例を通して，同じ物事について検討したりすると，物事の理解の仕方や，それに基づいた解決の仕方が多様になり，複雑な問題に対応できるようになるという (Spiro and Jehng 1990)．

この理論に基づいた教育方法の要点は以下のようなものである．

・学習内容に対して多様な視点を提供できるように学習活動を組み立てる．
・学習内容を細かく区切って，過度に単純化させることを避け，学習の文脈を大切にする．
・単に知識を伝えるのではなく，多くの事例を経験することを通して自発的に知識を構成できるようにする．
・学習者には，細かく分類された情報よりも，十分に相互に関連し合っている情報を与えて学習させる．

つまり，様々な要因が絡み合った複雑な問題では，課題分析のように，問題をバラバラに分解して，1 つずつ覚えさせる方法ではなく，問題が出てくる事例の文脈を保ったまま，問題の各要素を様々な角度から見ることによって，それぞれの意味を関係性の中で理解させる方法をとるのである．

こうした方法に適した技術として，スピロはコンピュータ上で自由にテキスト間をジャンプできる，ハイパーテキストを提案しており，実際にこれを利用して教育成果を上げている．複雑な問題の理解に対する，ハイパーテキストの効果については，日頃 Wikipedia などのハイパーリンクに基づいた Web サービスの恩恵を受けている利用者はよく理解できるのではないだろうか．

以上のように，教材の作成においては，課題の複雑さに応じて，設計の方法を柔軟に変更することも必要である．

7.3.3 実践共同体

　教材はそれを通して知識を身につける手段である．これに疑問をもつ人は
いないだろう．しかし，教材だけですべての知識を身につけられるわけでは
ない．例えば，現実場面での問題解決の方法などは，同僚や先輩とのコミュ
ニケーションがなければ，身につけるのは難しい．

　そこで，こうした教材作成者にとって難しい現実と折り合いをつけるのに
役立つ概念として，「実践共同体」を紹介したい．

　実践共同体とは，ウェンガーが提唱した，学習者のコミュニティに関する
概念である．彼は，徒弟制における学習の観察を通して，学習は本来，共同
体への参加を通して行われるものであることを明らかにした．

　ウェンガーは，実践共同体とは，人類が古くから利用してきた，「知識を
核とした社会的枠組み」であると述べ，「あるテーマに関する関心や問題，
熱意などを共有し，その分野の知識や技能を，持続的な相互交流を通じて深
めていく人々の集団」と定義している（Wenger et al. 2002）.

　実践共同体の要素としては，「領域」(domain)，「コミュニティ」(commu-
nity)，「実践」(practice) の3つが挙げられる．

　領域とは，メンバーが相互に関心を寄せる問題やテーマであり，コミュニ
ティとは，領域についての考え方を共有しながら，相互に学び合うメンバー
間の関係を表す．実践は，ある領域でコミュニティが生みだし，共有し，維
持する特定の情報や，知識，考え方などを意味する．そしてこれら3つがう
まくかみ合ったとき，実践共同体はうまく機能するとされる．

　さて，ここで学習者の観点から見た場合，教材と実践共同体には，ある特
定の問題解決に必要な知識を得るために取り組んだり，関わりを持ったりす
るという部分で，共通点があることが分かるだろう．そして，実践共同体が
うまく機能した場合は，教材だけでは困難であった，正解が決まっているわ
けではない，現実の多様な問題に対応することが可能なことも見えてくる．
つまり，教材と，実践共同体をうまく組み合わせれば，より学習の効果を高
めることが可能なのである．

実践共同体には様々な存在の形態があるが，最近では，CSCW（Computer Supported Collaborative Work：コンピュータ支援による協調活動）やCSCL（Computer Supported Collaborative Learning：コンピュータ支援による協調学習）のように，コンピュータを利用した協調作業／学習環境のうえで，共同体が構成され，時間的，空間的な制約を超えて成果を上げている場合が多い（第3章参照）．

デジタル教材は，コンピュータを利用した協調環境との親和性が高い．今後のデジタル教材の開発では，特に教材が現実的な課題を取り扱う場合には，教材による学習を引き継ぎ，実際に役立つ知識を生産・共有していくための実践共同体を，いかに育成し，教材と連携させていくかについても，同時に検討する必要が出てくるだろう．

7.4 ま と め

本章では，インストラクショナルデザインの基本的な考え方を概観し，分析・設計・開発・実施のプロセスについて解説した．また，教材作成に関連する理論をいくつか紹介し，デジタル教材との関連を議論した．デジタル教材の作成にあたっては，既存の教材作成の方法を理解し，踏襲したうえで，デジタルならではの付加価値を考えることが重要である．

[参考文献]

ディック，ウォルター／ケアリー，ルー／ケアリー，ジェイムス・O（2004）『初めてのインストラクショナルデザイン』角行之監訳，東京：ピアソン・エデュケーション．

Spiro, R.J. and Jehng, J. (1990) "Cognitive flexibility and hypertext: Theory and technology for the non-linear and multidimensional traversal of complex subject matter", D. Nix and R. Spiro (eds.), *Cognition, Education, and Multimedia*, NJ: Erlbaum, Hillsdale.

鈴木克明（2002）『教材設計マニュアル』東京：北大路書房．

鈴木克明（2005）「e-learning 実践のためのインストラクショナルデザイン」『日本教育工学雑誌』29(3)，197-205 頁.

寺野寿郎（1985）『システム工学入門——あいまい問題への挑戦』東京：共立出版.

Wenger, E., McDermott, R. and Snyder, W.M. (2002) *Cultivating Community of Practice*, Boston, MA : Harvard Business School Press. （野村恭彦監修，野中郁次郎解説，櫻井祐子訳（2002）『コミュニティ・オブ・プラクティス——ナレッジ社会の新たな知識形態の実践』東京：翔泳社）

[推薦図書]

鈴木克明（2002）『教材設計マニュアル』東京：北大路書房.
　　インストラクショナルデザインに基づいた教材設計の入門書として最適. この一冊で教材作成に必要な概念と手順を知ることができる.

ウォルター・ディック，ルー・ケアリー，ジェイムス・O・ケアリー（2004）『初めてのインストラクショナルデザイン』角行之監訳，東京：ピアソン・エデュケーション.
　　インストラクショナルデザインに関して，ADDIE 以外のモデルを知りたい場合，教材作成のプロセスについてより詳細に知りたい場合，研修の設計など，教材設計以外への応用について知りたい場合は，上記『教材設計マニュアル』を読んだうえで，本書を参照すると効果的である.

中原淳編著，荒木淳子，北村士朗，長岡健，橋本諭著（2006）『企業内人材育成入門』東京：ダイヤモンド社.
　　本章の後半で取り上げたような，学習者としての人間の特性に関する諸理論が大量に分かりやすく解説されている. この本に紹介されている理論を理解すれば，分かりやすい教材の開発に繋がるだろう.

第8章 デジタル教材を評価する

新しい教材を開発した場合，その教材が教育目標を達成できているかという評価が問題になることが多い．本章では，教材開発における評価がもつ役割を確認したうえで，教材評価の方法に関して概説する．

8.1 教材開発における評価の重要性

教材開発はどのような場面で求められるものだろうか．一般的には，既存の教材では十分な教育や学習を行うことができないときに，新しい教材の開発が要請される．新しい教材に求められるのは，その教材を用いることで達成される現状の改善や，それまでに成しえなかった新しい教育・学習の創出である．こう考えたとき，新しく開発した教材が本当に現状を改善するものであったのか，それまでに成しえなかった新しい教育や学習を可能にしたのかを検証する重要性が認識されるだろう．

また，教材開発を開始する時点においても評価は重要な役割を担う．教材開発は現状の教育・学習における問題点を解決する一手段であり，解決されるべき現状の問題点の設定が，教材開発の方向性に大きく影響する．この問題点の設定過程で行われることは，現状の教育・学習に対する評価とみなすこともできるだろう．

第7章で紹介したADDIEモデルでは，「分析 (Analysis)」と「評価 (Evaluation)」を異なる段階として捉えていたが，本章ではADDIEモデルでい

う分析と評価をあわせたものとして評価を捉える．Plan-Do-See サイクルで
いえば，Plan-Do の成果を検証するプロセスとして，また，さらなる Plan
につなげるためのプロセスとして，評価は教材開発において重要な位置を占
めるのである．

　教育評価において，評価は大きく「形成的評価（formative evaluation）」
と「総括的評価（summative evaluation）」に分けられる．形成的評価と
は教授・学習過程や教材・カリキュラム開発の進行途中で評価を行い，その
結果を用いて教授・学習活動や教材・カリキュラム開発の改善点，修正点を
明らかにする評価活動である．これに対して，教授・学習活動や教材・カリ
キュラム開発の終了段階において，学習者の到達度や教材・カリキュラムの
効果を把握する評価活動のことを総括的評価と呼ぶ．

　教材開発においては，開発プロジェクトの最終段階に行う評価は総括的評
価として位置づけられるものかもしれない．だが，教材開発を教育実践のな
かに位置づけるならば，教材開発における評価は，すべて形成的評価である
と考えられるだろう．教材開発における評価は，その教材がすばらしいもの
であることを示すものとして重要なのではなく，よりよい教材を開発するた
めの手段として重要なのである．

　では，教材評価はどのように行っていけばよいのだろうか．次節では，デ
ジタル教材も含めた一般的な教材評価の方法論を概説する．

8.2　教材評価の方法論

　教材評価において，評価の対象となるのは教材そのものであるが，教材評
価の方法論の多くは，研究対象として人間を取り扱う行動科学などの研究方
法論に依拠している．これは多くの教材が，使用者によりよい学習を達成さ
せることを目的とするためであり，教材の評価は使用者の状態から探られる
ことになるからである．

　教材の評価に関わる使用者の状態といった場合，多くの関心はその教材を
使うことによる学習達成度に向けられる．

本節では，学習成果を測定する方法に関して言及したうえで，実験心理学の研究手法とそれに基づいた教育研究の方法を概観する．

8.2.1 学習成果の測定法

学習成果を測定する方法としては学力検査，いわゆるテストがなじみ深いだろう．一般に，テストは数値やカテゴリーの助けを借りて，個人の行動や特性の差異を明確に記述し分類するために，一定の手順を用いて，組織的，系統的に資料を得るための方法や用具を指す（池田 2000）．質の高いテストを作成するには厳正な手続きを踏まえる必要がある．

テスト結果の数値化にはさまざまな方法があるが，数値化に対して合理的，客観的な基礎を与える理論がテスト理論（Test Theory）である．よく知られた現代的なテスト理論として項目反応理論（Item Response Theory：IRT）（豊田 2002）が挙げられる．項目反応理論とは，ある項目群（例えばテストの各問題項目）に対する個人の反応とその項目群が共通して測定している一次元の特性（潜在特性）の関係を記述する数学モデルを導入し，個人の潜在特性の推定を行う方法である．例えば 2009 年現在，情報処理技術者試験の一部や，TOEFL（Test of English as a Foreign Language）が項目反応理論を用いたテストとしてよく知られている．

テストの性能は一般に「信頼性（reliability）」と「妥当性（validity）」の 2 点について検討される．

テストの信頼性とは，同一の個人に対して同一の条件のもとで同一のテストを繰り返し実施したとき，一貫して同一の結果が得られる程度のことをいう．信頼性は再テスト法，平行検査法，折半法，内的整合性による推定法などによって検討される．

一方，テストの妥当性とは，テストの得点の解釈とそれに基づく推論が適切であるか，有意味であるか，有用であるかの程度のことをいう．

テストの妥当性に関する古典的な考え方では，テストの妥当性を基準連関妥当性（criterion-referenced validity），内容的妥当性（content validity），構成概念妥当性（construct validity）の 3 つに分ける．基準連関妥

第 8 章　デジタル教材を評価する——131

当性とは，測定しようとしている概念を反映する外的基準とテストの結果が相関する程度のことを指す．内容的妥当性とは，問題や質問の内容が測定したい領域を反映している程度のことを指す．構成概念妥当性とは，テストの結果が心理学的構成概念にとってふさわしい程度のことを指す．構成概念妥当性は収束的妥当性（convergent validity）と弁別的妥当性（discriminant validity）によって検証される．収束的妥当性が高い場合，テストの結果は理論的に関連の強い構成概念を測定する指標との相関が高い．一方で，弁別的妥当性が高い場合には，理論的に関連の弱い構成概念を測定する指標との相関が低いのである．

だが近年の考え方では，テストの妥当性は上記のようなさまざまなタイプに分けられるものではないとされる．テストの妥当性は単一の概念であり，構成概念妥当性がテストの妥当性そのものだとされる．そして内容的妥当性や収束的妥当性，弁別的妥当性は構成概念妥当性を検証する方法や証拠とするのが近年のテストの妥当性についての考え方である．

ところで，学力検査は学習成果を測定する有効な方法だが，学習成果は学力検査以外の方法によっても測定されうる．

たとえば，新規開発する教材の目標が学習者の態度や情意面に関する点にあるのだとしたら，測定の方法として学力検査は適当ではない（第7章参照）．態度や情意面の測定によく用いられるのは質問紙法（鎌原，宮下，大野木，中澤 1998）だろう．質問紙法とは対象者に自身の属性や心理状態，行動傾向を質問紙によって自己報告式で回答させる方法である．質問紙法での測定には尺度の作成が必要であり，尺度の信頼性，妥当性の検討を欠くことはできない．だが，尺度を自分で作成しなくとも，さまざまな研究者によって多くの尺度が作成されている．信頼性，妥当性が検証された尺度を集めた書籍も出版されており（e.g., 堀，山本 2001；堀，吉田 2001；堀，松井 2001；堀，櫻井，松井 2007），それらを利用するという選択肢も十分に考えられるだろう．

また，学習成果が行動レベルで現れるものであれば，観察法（中澤，大野木，南 1997）を用いる．特に言語発達が不十分な幼児の学習を取り扱う場合には，観察法は有効な手法であるだろう．観察法によって得られたデータを

数量化する場合には，複数の人間がコーディングを行って結果を合わせ，信頼性係数を求めるなど，信頼性を担保する手続きが必要となる．

8.2.2　実験心理学の研究手法

　教材評価の手法として広く援用されているのが実験心理学の研究手法である．

　実験心理学では実験計画法に基づいて設計された実験を行う．実験計画法とは，フィッシャー（Fischer, R. A.）によって始められた，誤差を確率的に扱うことで実験から効率的に精度の高い知見を得られるようにする統計学の一分野である．心理学における実験は行動や反応を引き起こす条件を特定し，条件と行動・反応の因果関係を推定するものである．実験においては，条件を「独立変数」と呼び，結果として引き起こされると考えられる行動・反応のことを「従属変数」と呼ぶ．

　教材評価の手法としての実験は，たとえば新規開発した教材を使う条件の学習者と使わない条件の学習者の学習成果を比較することで，新規開発した教材が学習成果にもたらす効果を推定するために行う．実験によって教材が学習効果をもたらしたという因果関係を推定するのである．

　だが，教材を使った学習者と使っていない学習者を集め，単純に比較すればよいわけではない．因果関係を推定するためには，実験の内的妥当性を高める必要がある．教材評価の場合には，学習成果の違いが確かに教材使用の有無によって引き起こされたのであり，それ以外の要因（これを「剰余変数」「交絡変数」「第三変数」などという．他にもさまざまな呼び方がある）によって引き起こされた可能性がないといえるほど内的妥当性は高いといわれる．

　この内的妥当性を高めるための手法が実験計画法であり，その基本は無作為配分にある．無作為配分とは，たとえば何人もの学習者を新しい教材を使う条件と使わない条件に振り分けるときに，無作為（ランダム）に振り分けることである．無作為に振り分けることによって，新しい教材を使う条件にはもともと勉強の得意な人が集まっていたために，新しい教材を使う条件の

ほうが高い学習達成度を示したのではないかという疑いを確率的に排除することができる（この例では「もともとの勉強が得意な程度」が剰余変数ということになる）.

　無作為配分を伴う実験の多くは教育実践の文脈から切り離されたものになる. だが, 統計的検定をもっとも有効に活用することができ, 個人差の影響を手続きによって除くことが可能になるため, 教材評価の手法として有効であることは間違いないだろう.

8.2.3　準 実 験

　前項で述べたように, 実験心理学の研究手法では剰余変数を統制するために, 学習者（被験者）の無作為配分を行う. だが, たとえば学習者をランダムに二群に分割し, 一方には新しい教材を与え, もう一方には旧来の教材を与えるようなことは, 現実的な教育実践の枠組みのなかでは実行しがたい. このような現実的な制約と折り合いをつける有効な方法が「準実験」である. 準実験とは, 実験における独立変数の操作および各条件への実験参加者（学習者）の無作為配分が行えない場合に, さまざまな工夫によって「ある程度」に確からしく因果関係を推定する方法のことをいう.

　たとえば, ある学校でA組とB組があったときに, A組では新しい教材を使う条件で授業を行い, B組では新しい教材は使わない条件で同じ内容の授業を行ったとする. このとき, 各学習者がA組なのかB組なのかは教材評価者が無作為に決定したわけではないため, 前項で述べた実験の手続きが踏まえられていない. 仮にA組とB組の振り分けが学校側によって無作為に行われていた場合には自然条件を用いた実験が可能となるが, 通常の学校教育の文脈では, たとえば担任が異なるなど, A組とB組に対する処遇の違いが存在する. このような場合に行う教材評価は準実験の形式をとることになる.

　だが一方の組に対して, 真偽は不明であるが効果が低いことが想定されている教育を意図的に行うことになる. より効果があると考えられる教材を一方の組では使用し, 一方の組では使用しないことは教育的倫理からみていさ

さか問題がある．このような場合には，新しい教材を使わなかった年度の組と新しい教材を使った年度の組とを比較するという準実験の形式を用いるなどが考えられる．

　このようなA組とB組の比較や年度間の比較を行う場合，どのような工夫を用いればよいだろうか．

　考えうる方法は，事後に学習成果を測定するだけでなく，事前にも測定を行うことである．無作為配分によって条件が決定されていない場合，新しい教材を使う集団はもともと学力が高かった可能性を排除することはできない．この可能性を除くためには，教材を使う前の状態について調べておく必要がある．教材を使った場合と使わない場合の学力の伸びを比較すれば，事後の学習成果だけを比較するよりも，教材の効果に関する推論がより確からしくなる．

　だが，新しい教材を使う条件のほうが学習に対する高い意欲をもっており，そのために教材使用前から教材使用後への学力の伸びが大きかった可能性もありうる．これに対する工夫として，事前の測定を2時点によって行うことが考えられる．教材使用前の2時点間の伸びが教材を使う条件と教材を使わない条件で変わらないにもかかわらず，教材が導入されるタイミングを境に教材を使う場合と教材を使わない場合とで学力の伸びが異なっていれば，それが教材の効果である可能性がより高くなる．

　しかしながら，比較のために新しい教材を使う条件と使わない条件を設定することが難しい場合もある．たとえば年度間の比較を行おうとしても，前年度に十分なデータ収集を行っていなければ，比較対象として適切ではない．

　このような場合には新しい教材を使う条件だけで教材評価を行うことになる．当然のことながら，新しい教材を使う条件だけで，教材使用後の学習成果だけをみても教材の効果を判断することはできない．まず考えられるのは，事前テストを行うことである．事前テストを行うことで，教材を使った学習をする前と比べた学習成果をみることができる．

　だが，因果関係の推定には事前テストと事後テストの比較だけでは不十分である．たとえば「事前テストが練習になって，事後テストの得点が上昇し

たのではないか」「学力の伸びは学習者の自然な成長によるものではないか」という疑問が生じるだろう．これに対しては，たとえば事前テストを2時点で行うなどすれば反論する材料ができる．教材を使わない期間での伸びに比べて教材を使った期間での伸びが大きければ，「事前テストが練習になって，事後テストの得点が上昇したのではないか」「学力の伸びは学習者の自然な成長によるものではないか」といった可能性を排除することができるだろう．

　科学的な手続きとして，無作為配分を伴う実験が望ましいのは確かである．だが，よりよい教育実践に向けた改善を行っていく手段として，実験にこだわっていくことは現実的ではない．現実の制約に対応するには準実験を行うことになる．だが，準実験はあくまでも「ある程度」に確からしく因果関係を推定する方法であり，また，「さまざまな工夫」が不可欠である．ここで紹介した以外にも実行可能な適切な工夫はありうる．現実の制約のなかで準実験を行う場合でも，内的妥当性を高める工夫を怠ってはならない．

8.2.4　仮説検証型研究と仮説生成型研究

　岡田（1998）は心理学研究における仮説の役割に関する論考のなかで，問題解決や学習の際に仮説や理論を構築することが重要であることを学習心理学や発達心理学の知見から指摘する一方で，認知心理学の知見から人が仮説にとらわれやすい傾向をもっていることも指摘している．

　実験および準実験は，独立変数によって影響を受ける従属変数を想定して設計されるものである．つまり，実験や準実験は仮説検証型の研究法である．

　インストラクショナルデザインの考え方に基づいて教材を設計する場合，学習目標が設定される．教材開発を行ううえで明確な学習目標を設定することは重要なことである．そして開発する教材の目的が，学習目標の達成にある以上，教材評価においてその学習目標が達成されたかという点に着目するのは当然のことである．そう考えれば，教材評価の手法として，仮説検証型の研究方法である実験や準実験が用いられるのは自然なことであるだろう．

　だが，前述のとおり，人は仮説にとらわれやすい傾向をもっていることはまた事実であるといってよいだろう．そのことはウェイソン（Wason 1960）

に始まる確証バイアスの研究などで示されている．教材評価の結果，目標と
していた教材のポジティブな効果が支持されたとしても，思いもよらなかっ
たネガティブな副次的効果が存在している可能性もある．教材開発において
は，苦労して開発した教材がよいものであってほしいという期待もあり，教
材のネガティブな効果があったとしても，チンとブルワー（Chinn and Bre-
wer 1993）が示したようにその事実を受け入れることは難しいものである．

　だが最初に述べたように，教材評価とはよりよい教材を開発するための手
段であり，よりよい教育実践につなげるためのプロセスである．その意味で
は，教材評価を完全な仮説検証型研究の枠組みのなかで行うことにはいささ
か問題があるといえる．教材評価を行うなかで，目標としていた教材の効果
を確認するためのデータだけでなく，教材の副次的な効果に関して検討する
ことを可能にするデータも同時に取得することが望ましい．

　教材評価は仮説検証型研究の枠組みのなかで行うだけでなく，仮説生成型
研究の立場からも行っていく必要がある．そのような際には，仮説生成型研
究で用いられてきた観察法（中澤，大野木，南 1997）や面接法（保坂，中澤，大
野木 2000）といった手法を援用していくことが効果的であると考えられる．

8.3　学習履歴データの利用

　前節までは自然科学の研究法を範とした実験法とその延長線上にある教育
研究の方法を紹介した．そして最後に，教材評価は仮説検証型研究の枠組み
のなかだけで行うのではなく，仮説生成型研究の立場からも行っていく必要
があることを指摘した．本節では，従来の教材に比べてデジタル教材で取得
しやすくなった教材使用履歴データを利用した，仮説生成型の教材評価につ
いて検討する．

8.3.1　状況に埋め込まれた評価（situated evaluation）

　仮説生成型の教材評価の考え方として，ブルースとペイトン（Bruce and
Peyton 1990）が採用した「状況に埋め込まれた評価（situated evaluation）」

がある.

　新しく開発された教材が教育実践の現場に持ち込まれた場合，それは教育実践の場における「変革」である．開発者が設計した変革によって意図している実践の結果は「理想（idealization）」であり，その変革が現場に持ち込まれたときに起こる社会的な実践である「現実（realization）」とは区別される．状況に埋め込まれた評価は，開発物がいかに現実の場で作用・機能するのかを，現実の場に居合わせるさまざまな人々の実践をデータとして子細に観察・分析するものである.

　デジタル教材の場合，従来の教材に比べて教材使用履歴データを容易に記録することができる．教材使用履歴データは，教材を使用した人が実際にどのような使い方をしたのかを知る貴重な情報源となりうる．つまり，デジタル教材がいかに現実の場で作用・機能するのかを観察・分析するデータとして用いることができる.

　中原，西森，杉本，堀田，永岡（2000）は教師が自らの実践を対象化し，それを他者に対して外化し共有することを通して自己の教育実践に対する内省を行える CSCL 環境 Teacher Episode Tank（以下，TET）を開発した．この TET は主に 2 つのインタフェースから構成されている．1 つはジャーナルと呼ばれるメッセージをやり取りするためのジャーナルウィンドウである．もう 1 つは，ジャーナルウィンドウ上での相互作用を蓄積し，主題間を関係づけることで内省を導くためのリフレクションボードである.

　中原らはこの TET に対し状況に埋め込まれた評価の考え方に基づいて評価を行った．この際にデータとして利用したのが，「データベースに格納された学習者（教師）たちのジャーナル」「個別に収集したボードの履歴データ」「該当の教師を対象としたインフォーマルな個別の面接」であった．このうち，学習履歴データに該当するのが「データベースに格納された学習者たちのジャーナル」および「個別に収集したボードの履歴データ」である．中原らはこれらのデータをもとに，開発した TET を用いた教師たちが何をリソースとしてどのような相互作用と内省を営んでいたかを検討したのである.

8.4 ま と め

　本章では教材評価の方法論に関して概観した.

　まず，教材評価の方法として援用される心理学の研究法から，測定と実験および準実験について紹介した. そのうえで，教材評価において仮説検証型アプローチのみを採用することの問題点を指摘し，仮説生成型アプローチとして状況に埋め込まれた評価について紹介した. デジタル教材の場合は学習履歴データの蓄積を容易に行うことができ，その履歴データは状況に埋め込まれた評価を行う際に重要な情報源となるのである.

［参考文献］

Bruce, B. and Peyton, J. K. (1990) "A new writing environment and an old culture: A situated evaluation of computer networking to teach writing", *Interactive Learning Environments*, 1, pp. 171–191.

Chinn, C. A. and Brewer, W. F. (1993) "The role of anomalous data in knowledge acquisition: A theoretical framework and implications for science instruction", *Review of Educational Research*, 63, pp. 1–49.

堀洋道監修, 松井豊編 (2001)『心理測定尺度集Ⅲ　心の健康をはかる〈適応・臨床〉』東京：サイエンス社.

堀洋道監修, 櫻井茂男, 松井豊編 (2007)『心理測定尺度集Ⅳ　子どもの発達を支える〈対人関係・適応〉』東京：サイエンス社.

堀洋道監修, 山本眞理子編 (2001)『心理測定尺度集Ⅰ　人間の内面を探る〈自己・個人内過程〉』東京：サイエンス社.

堀洋道監修, 吉田富二雄編 (2001)『心理測定尺度集Ⅱ　人間と社会のつながりをとらえる〈対人関係・価値観〉』東京：サイエンス社.

保坂亨, 中澤潤, 大野木裕明編著 (2000)『心理学マニュアル　面接法』東京：北大路書房.

池田央 (2000)「テスト」日本教育工学会編『教育工学事典』東京：実教出版, 383–385頁.

鎌原雅彦, 宮下一博, 大野木裕明, 中澤潤編著 (1998)『心理学マニュアル　質問紙

法』東京：北大路書房.

中原淳，西森年寿，杉本圭優，堀田龍也，永岡慶三（2000）「教師の学習共同体としてのCSCL環境の開発と質的評価」『日本教育工学雑誌』24，161-171頁.

中澤潤，大野木裕明，南博文編著（1997）『心理学マニュアル　観察法』東京：北大路書房.

岡田猛（1998）「「仮説」をめぐるいくつかの仮説——科学的研究における仮説の役割」丸野俊一編著『認知心理学における論争』東京：ナカニシヤ出版，189-208頁.

豊田秀樹（2002）『項目反応理論［入門編］——テストと測定の科学』東京：朝倉書店.

Wason, P. C. (1960) "On the failure to eliminate hypotheses in a conceptual task", *The Quarterly Journal of Experimental Psychology*, 12, pp. 129-140.

[推薦図書]

高野陽太郎，岡隆編著（2004）『心理学研究法——心を見つめる科学のまなざし』東京：有斐閣.

　心理学の研究法は教材評価の方法として有用である．本書では実験的研究に関して詳しく解説があるだけでなく，調査法，観察法，検査法，面接法といった方法についての解説もあり，人間を扱う研究法の基礎的な知識をえることができる．

市川伸一編著（1991）『心理測定法への招待——測定からみた心理学入門』東京：サイエンス社.

　心理測定に関する入門書である．学習成果のような直接測定することのできないものを測定する方法の研究は心理測定の分野で発達している．

秋田喜代美，藤江康彦編（2007）『はじめての質的研究法［教育・学習編］』東京：東京図書.

　教育・学習研究における質的研究に関する入門書である．質的研究法は教材評価の方法としても重要になってきている．特に第10章から第12章は「学習システムの構築・介入」の章であり，教材評価の実施の参考になるだろう．

第9章 デジタル教材の開発1
「親子 de サイエンス」

9.1 「おやこ de サイエンス」とは何か

　この章では，東京大学情報学環ベネッセ先端教育技術学講座で開発された「おやこ de サイエンス」を事例として，デジタル教材開発の概要について解説する．「おやこ de サイエンス」は，携帯電話を活用し，家庭における科学教育を支援するプログラムである．本プログラムは，親と子どもが科学実験に取り組みながら，理解が難しいと言われる「光」の概念について体験的に学べる機会を3週間にわたって提供する．

9.2 開発の背景

9.2.1 科学教育の現状

　国内外の教育調査（例えば，国立教育政策研究所 2005, 2007）を通して，日本の科学教育の現状が明らかになっている．「理科嫌い」「科学離れ」という言葉に象徴される，学校の理科あるいは生活・社会における科学に対する興味・関心の低下という問題がある一方で，一般に「学力低下」として表現される，科学に関する知識や能力の低下という問題もある．問題の根は深い．

　これらの問題は，学校の科学教育関係者だけが努力しさえすれば解決できるわけではない．そもそも学校は，子どもにとって，数ある学習環境のひとつだからである．北米の学習科学の研究成果によれば，小学校から高等学校

までの間，学校で学んでいるのは，子どもの学び全体の 18.5% であること
が明らかにされている（LIFE 2008）．18.5% という割合には多少の違いはあ
るかもしれないが，この研究成果は，私たちの実体験からしても，確かにそ
の通りだと言えるものであろう．こう考えてみると，子どもたちは，朝起き
てから夜寝るまでに，日々の生活全体を通して，科学に出会い，科学を学ん
でいると言えそうである．したがって，学校だけではなく，社会全体として，
科学教育を取り巻く各種の問題を解決して，科学教育の充実に取り組む必要
がある．

　このような背景の中で，科学教育研究では，近年，学校外の科学教育に焦
点を当てた研究が行われている．具体的には，博物館，科学館，水族館，動
物園などにおいて子どもがどのように科学を学んでいるのかが解明され始め
ている．さらには，これらの教育施設が科学教育に対していかに貢献できる
かが議論されている（例えば，Falk, Dierking and Foutz 2007; Leinhardt, Crow-
ley and Knutson 2002）．

　それらに加えて，最新の研究動向において，「科学教育の成否を握る場」
として最も研究者に注目されているのが「家庭」である．

9.2.2　家庭における科学の学習

　子どもは家庭で，どのように科学を学んでいるのか．このことに焦点を当
てた研究がいくつか存在する．例えば，Hall & Schaverien（2001）の研究
では，半年にわたるエスノグラフィーの結果，家族と一緒に探究を行ったり，
子どもが問いを立ててそれを子ども自身が探究することを支援したりするよ
うな家庭では，子どもの科学的理解が深化したことを見出している．同様の
指摘は Bell, Zimmerman, Bricker & Lee（2006）においてもなされており，
子どもたちの「生物」に関する理解には，家庭における日常生活が深い影響
を及ぼしているという．

　しかしながら，これまでにおいて，家庭における科学教育の充実に取り組
んだ研究はあまり多いとは言えない．

　例えば，佐伯らは，「科学館を拠点として保護者に対する科学教室を実施

142——第Ⅲ部　デジタル教材のデザイン論

し，家庭環境に変化を与えることによって，子どもの科学技術・理科離れを食い止めようとするプロジェクト」（佐伯ほか 2004, p. 357）を実施した．具体的には，光，静電気，塩などのテーマについて，子どもだけを対象，保護者だけを対象，子どもと保護者の両方を対象とした各種の科学教室を実施している．

Watts（2001）は，イギリスにおける小学生とその保護者を対象とした 6 週間の科学教育プロジェクトを実施した．6 週間の最初と最後には，参加者全員が集まるサイエンス・イベントが実施されて，その 2 回のサイエンス・イベントの間に，各家庭において子どもと保護者が天文学に関する各種のテーマの学習に取り組む，というものである．

佐伯や Watts の事例からは，「親子で一緒に取り組むことができる科学実験などの活動」が家庭における科学教育を支援する有力な方策となる可能性が読み取れる．

しかし，これらの事例には改善すべき点も多い．最も重要な課題は，「家庭で親と子どもが取り組む学習に直接には支援を行っていないこと」である．佐伯らの事例において実施されているのは，博物館，科学館での科学教室である．家庭における科学の学習の支援は実施されていない．Watts の事例では，家庭における 6 週間の科学の学習が設定されているものの，家庭に対してはいくつかの学習素材が提供されるのみになっており，子どもの学習に関する直接的介入はない．

また，親の支援にも介入していないという点も指摘できる．家庭における子どもの学習の成否は，親の教育的関与や親子間の会話の成否が非常に大きなファクターとなることが知られている（Fisch and Truglio 2001; ベネッセ教育研究開発センター 2005）．子どもが自分の学んだことを自己説明したり（Chi, de Leeuw, Chiu and La Vancher 1994），親などに説明したりした場合（Crowley and Siegler 1999），記憶が定着するほか，内容の理解も深まる可能性のあることが，先行研究によって指摘されている．

とはいえ，親が子どもの学習に効果的な介入を行えるかどうか，あるいは，親が子どもと学習内容について会話を行うことができるかどうかは，親の科

学的知識や科学に対する考え方に，かなり「依存」してしまう．子どもだけではなく親に対しても効果的な介入を行わなければ，子どもの取り組みに効果的に介入をできる親をもった子どもとそうでない子どもの差があらわれることは，容易に予想がつく．

9.3　教材の概要

　上記の問題関心から，筆者らは，携帯電話を活用して子どもと親をトータルに支援するための教育支援技術を考案した．「おやこ de サイエンス」は，(1) 子どもに対する教育支援技術と，(2) 親に対する教育支援技術から構成されている．

　まず9.3.1では「おやこ de サイエンス」の全体像について述べる．9.3.2,9.3.3では上記2点の教育支援技術について述べる．

9.3.1　全体像

　「おやこ de サイエンス」は，プログラムへの参加者全員が集まる「ワークショップ」と，家庭において各親子が個別に実施する「家庭学習」の2つの学習形態から構成されている．

　ワークショップは，3週間の最初と最後の計2回実施する．初回ワークショップは，これから3週間かけて学習する内容の全体像を伝える内容となっている．具体的には，科学実験の専門家が大型装置を使い，3週間の導入に相当する科学実験ショー（図9-1）と科学実験教室を行う．また，家庭学習に関するオリエンテーション，家庭学習に必要な科学実験キット（図9-2）の配布も実施する．後半のワークショップは，3週間かけて学んだ内容をもとに，望遠鏡づくりに取り組んでもらう．

　家庭学習は，携帯電話を使って，Web上のインタラクティブ学習教材を閲覧しながら科学実験を実施する，というものである（図9-3）．実験は全部で8つあり，毎週ウィークデーに2つ，週末に1つの実験を行うようなスケジュールである．親が忙しい場合，留守の場合などには，子ども一人でも取

144——第III部　デジタル教材のデザイン論

図 9-1 科学実験ショー

図 9-2 科学学習の実験キット

図 9-3 家庭における親子の実験

り組むことができるよう,詳細な実験手続きが学習教材としてまとめられている.

「ワークショップ」と「家庭学習」から構成されるカリキュラムの詳細は,表9-1のとおりである.3週間かけて「光」の概念について学習できるようになっている.

9.3.2 子どもに対する教育支援技術──「予想─実験─考察」サイクルを組み込んだインタラクティブ学習教材

「家庭学習」で閲覧されるインタラクティブ学習教材は,単純に「科学実験の手続き」を順に説明するのではなく,親子が(1)実験結果を予想し,(2)実験に取り組む,(3)結果を確認し,(4)解説を読む,というサイクル

表 9-1 「おやこ de サイエンス」のカリキュラム

日付	モジュール名	学習手法	場所	学ぶこと	概念知識
11月5日	ワークショップ①	ワークショップによる実験	都内某所	3週間の学習内容を概観する	「光で大きな風船を割る実験」などを行い、11月7日から26日に扱う概念知識を広く体験した
11月7-11日	ウィークデー実験(1週目)	家庭で実験(携帯電話に実験の手引き・問題がある)	自宅	1. モノが見えるということ 2. 光の性質	1. モノを見るときは、光が目に入ることだ 2. どんなときでも、光はまっすぐ進む 3. 明るいところでは、どこにでも光はある
11月12-13日	週末実験	家庭で実験(携帯電話に実験の手引き・問題がある)	自宅	凸レンズと光と見ること	1. まっすぐ進む光が目に入ると、ふつうの大きさでモノが見える 2. 曲がった光が目に入ると、モノが大きく見えたり小さく見えたりする 3. 曲がった光が目に入ると、モノがさかさまに見える
11月14-18日	ウィークデー実験(2週目)	家庭で実験(携帯電話に実験の手引き・問題がある)	自宅	凸レンズを通る光の性質	1. 凸レンズ(=虫メガネ)を通る光は1点に集まる 2. 凸レンズのまん中を通る光は、まっすぐ進む 3. 凸レンズの端を通る光は曲がって進み、1点に集まる
11月19-20日	週末実験	家庭で実験(携帯電話に実験の手引き・問題がある)	自宅	凸レンズと光と見ること	1. まっすぐ進む光が目に入ると、ふつうの大きさでモノが見える 2. 曲がった光が目に入ると、モノがさかさまに見える
11月21-25日	ウィークデー実験(3週目)	家庭で実験(携帯電話に実験の手引き・問題がある)	自宅	凸レンズを通る光の性質	1. モノと凸レンズを近づけると、光は凸レンズの遠くで1点に集まる。このとき、モノの像は大きくなる 2. モノと凸レンズを離すと、光は凸レンズの近くで1点に集まる。このとき、モノの像は小さくなる 3. モノと凸レンズを近づけすぎると、光は1点に集まらなくなり、像はできない 4. 大きく曲がった光が目に入ると、モノがもっと大きく見える 5. 凸レンズ(=虫メガネ)を通る光は1点に集まる 6. 曲がった光がスクリーンに当たると、さかさまの像ができる
11月26日	みんなで実験ワークショップ②	ワークショップによる実験	都内某所	望遠鏡づくり	凸レンズの性質を利用して、望遠鏡をつくる

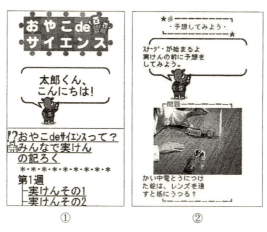

図 9-4 「おやこ de サイエンス」の学習サイト

に沿って，実験に取り組むことができるように構成してある．このサイクルの構成要素については，各種の先行研究によって，すでに学習効果が見出されている．

　実際の教材利用は下記のようなプロセスで進む．

　まず，自分の携帯電話で，「おやこ de サイエンス」の学習サイトにログインする．ログインを行うと，図 9-4 の①のようなメニュー画面があらわれ，早速，②のように，その週の「実験課題」が提示される．②の場合，「懐中電灯に絵のついたセロファンをはりつけ，レンズを通して壁に投射すると，どのようにうつるか」という課題が提示されている．このような実験課題に，子どもは 1 週間に最低 2 回取り組むことが求められている．

　次に，子どもと親は，提示された「実験課題」に対して，独力で「実験結果の予想」を立てる（図 9-5①）．予想はすでに用意されている 2 つの選択肢から選ぶ．次に，自分の行った「実験結果の予想」に対して，なぜそのような結果になるのかについて「理由」を二択で入力する（同②）．

　例えば「かい中電灯につけた絵はレンズを通すと，どのようにうつる？」という実験の場合，「うつる」「明るくなるがうつらない」という選択肢から「予想」を選び，「レンズを通った光が集まるから」「レンズを通った光は広

第 9 章　デジタル教材の開発 1——147

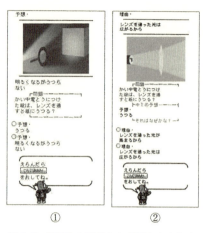

図 9-5 「実験の予想」と「理由」を入力する画面

がるから」という選択肢から「理由」を選ぶ．

「実験の予想」と「理由」の入力のあとは，実験の手順が表示される（図9-6①）．実験の手順は，画像，テキスト，動画（同②）から構成されており，学習者はこれに従って，実験を進める．

実験終了後は，「実験の結果」と「理由」を二択で入力する．「実験の結果」は事実をもとに入力するが，「理由」は，実験でわかった事実から類推して入力する．

入力が終わったら，「実けんのかいせつ」を読む．ここでは他の家庭の学習進捗も確認できる．他の家庭の親子が，どのように予想を立て，どのような結果を得たのかも同時に知ることができる．「実けんのかいせつ」を読んだあとは，「分かった」「だいたい分かった」「分からなかった」の三択で本人の自己評価に基づき「理解度」を入力する（図9-7①）．

その後は，「レベルアップクイズ」に挑戦する（同②）．「レベルアップクイズ」は，図9-4②で取り組んだ課題に関連した問題であり，やや難易度が高くなっている．クイズは3問提示される．クイズのあとには解説が提示される．

このように，親子はインタラクティブ教材にそって実験を進めることがで

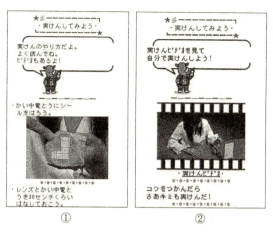

図 9-6　実験のやり方

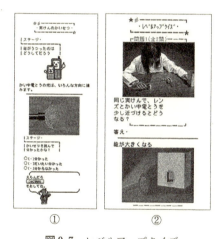

図 9-7　レベルアップクイズ

きる.

9.3.3　親に対する教育支援技術——学習進捗メール

前述したように，親が忙しい場合，留守の場合などには，子ども一人で家庭学習に取り組むことになる．「おやこ de サイエンス」では，このような状況下でも親が子どもの学習に関与できるようにするため，子どもが自分の

> 「実験の記録はこちら」
>
> ペットボトル実験
>
> 今回のクイズでは，ペットボトルレンズについて扱っています．ここでは，光はレンズによって曲がることを理解する必要があります．
>
> 実験の予想　○（理由×）
>
> 実験の結果　○（理由×）
>
> 理解度：よくわからなかった
>
> 【総評】
>
> おしい！　実験は大成功．でも，実験結果の理由がよくわかっていないかもしれません．「どんなところがわからなかった？」と聞いて，実験の解説を一緒に読んであげてください．

図 9-8　学習進捗メールの例

携帯電話を使って学習を進めると，親の携帯電話に子どもの学習状況の情報が自動的に送信されるという教育技術が埋め込まれている．

　学習進捗メールについては，フォッグ（2005）が提唱した「説得のためのテクノロジ」（Persuasive Technology）という概念を参考にした．具体的には，「実験結果の予想」「実験結果の予想の理由」「実験結果」「実験結果の理由」「理解度」のデータから 48 通りのメッセージを自動生成し，親の携帯電話に通知することにした（図 9-8 参照）．

9.4　教材の評価

　2005 年 11 月 5 日から 26 日の 3 週間，「おやこ de サイエンス」の評価実験を行った．参加者は，一般公募を行った親子 60 組（120 名）である．子どもの学齢は，小学校 4 年生，および 5 年生とした．子どもの男女割合は，ほぼ均等である．参加者には，3 週間，携帯電話を 1 人 1 台ずつ貸与した．

　「おやこ de サイエンス」を評価するにあたり，下記の 3 点の評価視点を

設定した.

(1)「おやこ de サイエンス」は，子どもを支援できていたか？
  ・子どもは，「予想—実験—結果」サイクルに沿って学習していたか？
  ・「光」の概念を理解できるようになったか？
(2)「おやこ de サイエンス」は，親を支援できていたか？
  ・学習進捗メールは，子どもの学習への関与を促進していたか？
  ・親による関与は，子どもの学習の向上に寄与していたか？
(3)「おやこ de サイエンス」は，家庭の学習環境にどのような変化をもたらしたか？

　これらを明らかにするため，プログラムの事前事後に「光の概念」に関するテストと主観などをたずねる質問紙調査を行った．有効回答者は親子各55名であり，回答率は91.0％であった．質問紙調査のほとんどの設問は，5段階のリッカート尺度による回答であった．テストは，Osborne & Freyberg（1985）などの光の「誤概念」研究の既存テストを参考に，筆者らが作成した．

　なお，(3) の学習環境については参加観察法などの直接的な手法と質問紙法による間接的な手法が想定される．本研究では，計60名の子どもたちの家庭という比較的多数の対象を評価すること，一般公募した親子の各家庭を参加観察することが肖像権やプライバシーの観点から困難であることなどから，間接的な手法である質問紙法を採用した．この質問紙法においては，家庭における科学の学習環境を評価した先行研究がないため，学校における科学の学習環境を評価した CLES（Constructivist Learning Environment Survey）の尺度（Fraser 1998）を援用した．この尺度は，次の5つの下位尺度から構成されている．(a) 自分の身の回りのことと学習内容との関連づけに関する「個人的関連性」，(b) 科学とは理論を作り出す営みでありそこには人々の考えが関与していることの理解に関する「科学の不確定性」，(c) 教師が決定した学習内容や学習方法に対して学習者が批判的な意見を持

表 9-2 「予想―実験―結果」サイクルに沿って学習していたか

	とてもよくあてはまる	よくあてはまる	どちらともいえない	あまりあてはまらない	まったくあてはまらない
[予想してみよう]をしながら，光についてよく考えた	20	22	11	2	0
[みんなの予想]を見て，自分の予想が正しいかどうかをもう一度よく考えた	17	11	17	7	3
[みんなの予想]を見て，実験したいと強く思った	14	16	17	6	2

つことに関する「批判的な発言」，(d) 学習者自身が学習内容や学習方法の
決定に関与することに関する「共有された学習の制御」，(e) 教師や他の学
習者と自分の考えを説明し合ったり話し合ったりすることに関する「周囲の
人との話し合い」．

　これらを評価のデータとし，以下，評価視点ごとに結果を述べる．

9.4.1 「おやこ de サイエンス」は，子どもを支援できていたか？

　表 9-2 には，「子どもが「予想―実験―結果」サイクルに沿って学習して
いたか」に関する結果の一部を示している．この結果から，7 割以上の子ど
もが実験結果について予想する際に学習内容の光についてよく考えていたこ
とがわかる．また，半数の子どもたちが，他者の予想を参照する中で自分の
予想を再検討したり実験への動機付けを高めていたこともわかる．これらの
結果から，「予想―実験―結果」サイクルのインタラクティブ教材は，子ど
もたちの学習にある程度介入できていたと考えられる．

　では，子どもは「予想―実験―結果」サイクルに沿って学習する中で，光
の概念を理解できるようになっていたのだろうか．表 9-3 は，問題ごとの事
前・事後テストの平均正答率の変化をあらわしたものである．子どもの事前
テストの平均正答率は 31.1% ($S.D.=14.5$)，事後テストの平均正答率は

152――第Ⅲ部　デジタル教材のデザイン論

表 9-3　問題ごとの事前・事後テストの平均正答率

概念知識		事前テスト正答率(%)	事後テスト正答率(%)
【学習内容 1】 1. モノを見るとは，光が目に入ることだ 2. どんなときでも，光はまっすぐ進む 3. 明るいところでは，どこにでも光はある	問題 1＊＊＊ 問題 2＊＊＊ 問題 3 問題 4-1＊＊ 問題 4-2＊ 問題 5＊＊＊	40 38.2 12.7 52.7 60 36.4	76.4 76.4 14.5 74.5 76.4 65.5
【学習内容 2】 1. まっすぐ進む光が目に入ると，ふつうの大きさでモノが見える 2. 曲がった光が目に入ると，モノが大きく見えたり小さく見えたりする 3. 曲がった光が目に入ると，モノがさかさまに見える	問題 6＊ 問題 7	47.3 78.2	72.7 89.1
【学習内容 3】 1. モノと凸レンズを近づけると，光は凸レンズの遠くで 1 点に集まる．このとき，モノの像は大きくなる 2. モノと凸レンズを離すと，光は凸レンズの近くで 1 点に集まる．このとき，モノの像は小さくなる 3. モノと凸レンズを近づけすぎると，光は 1 点に集まらなくなり，像はできない 4. 大きく曲がった光が目に入ると，モノがもっと大きく見える 5. 凸レンズ（＝虫メガネ）を通る光は 1 点に集まる 6. 曲がった光がスクリーンに当たると，さかさまの像ができる	問題 8-1＊＊ 問題 8-2 問題 8-3 問題 8-4 問題 8-5 問題 8-6 問題 8-7 問題 8-8	38.18 27.27 49.09 29.09 9.09 21.82 29.09 9.09	67.27 27.27 74.55 29.09 20.0 27.27 41.82 16.36
【学習内容 4】 1. 凸レンズの性質を利用して，望遠鏡をつくる	問題 9＊＊＊	12.73	41.82

46.9％（$S.D.$＝14.0）であった．Wilcoxon の符号付き順位検定を行ったところ，事前テストと事後テストの成績の間には，統計的有意な差があった（Z＝－5.624, $p<0.01$）．いくつかの項目では有意な差が見られなかったが，表中すべての【学習内容】においても，少なくとも 1 つ以上の項目で事後テストの結果が統計的有意に高くなっている．特に問題 1 から問題 5 の「光の直

進性」に関する問題，問題9の「凸レンズの性質」に関する問題では，正答率に多くの差が認められる．このような結果から，「おやこ de サイエンス」を体験した子どもは，光という難しい概念を理解できるようになったと言うことができる．

9.4.2 「おやこ de サイエンス」は，親を支援できていたか？

図9-9に見るように，学習進捗メール閲覧後に，親がどのように子どもに行動を起こすのかについて，想定される行動の相対的な頻度を4件法で答えてもらったところ，「お子様の話を聞いた」「お子様の学習結果を把握した」「お子様と一緒に実験に取り組んだ」が多いことがわかった．特に「お子様の話を聞いた」の項目に関しては，98.2% の親が肯定的な回答を行っている．

質問紙の最後に全体的な感想を問うた自由記述設問では，親は，「親子で一緒に実験に取組む機会が持てて，とても楽しい3週間でした．平日に話す機会がほとんど無いところで，携帯電話を使ってコミュニケーションできるというのはありがたいことでした」「ヘェそうだったのかと思う事があり楽しかったです．子どもとの共通の話題が出てコミュニケーションが良くなりました．又，子どものいままで見た事の無い面がみられて意外でした」とい

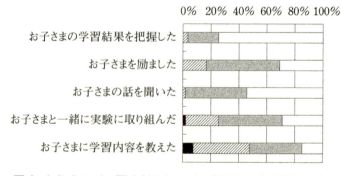

図9-9 学習進捗メールを受信後の親の行動

う意見が寄せられていた．親が子どもの話を聞くきっかけに，携帯電話の学習進捗メール通知が活用された可能性があることが推察できる．

　ちなみに「子どもと理科の勉強のことを話している（以下「親子間の会話」と略）」という親への質問項目に対する回答の平均値は，事前が 3.05（S.D.＝0.87）であったのに対して，事後では，3.40（S.D.＝0.95）に向上している．この差は，Wilcoxon の符号付き順位検定の結果，統計的有意であった（Z＝−2.343, p＜0.05）．また，「親子間の会話」と「子どもの事後テストの成績」の間には有意な中程度の正の相関が認められた（r＝0.317, p＜0.05）．さらに，「子どもの事後テストの成績」を従属変数とし，独立変数に「親子間の会話」，「子どもの事前テストの成績」を用いた重回帰分析を行った（R_2＝0.243, p＜0.01）．その結果，「子どもの事前テストの成績」の影響を統制してもなお，「親子間の会話」の「子どもの事後テストの成績」に対する効果には，有意傾向が認められた（β＝0.235, p＝0.062）．

　これらの結果から推測するに，学習進捗メールは，親による子どもの学習への関与を促進し，その結果として，子どもの学習は向上することになった可能性も示唆される．

9.4.3 「おやこ de サイエンス」は，家庭の学習環境にどのような変化をもたらしたか？

　上記では，「おやこ de サイエンス」が子どもを支援できること，親を支援できることについて，それぞれ個別的に紹介してきた．それでは，家庭において科学を学ぶための環境に，どのような変化をもたらしたのだろうか．

　表 9-4 には，学習環境に関する分析結果を示している．その結果，「個人的関連性」と「科学の不確定性」の 2 つの尺度得点については，事前よりも事後の方が有意に高いことがわかった．

　子どもたちの科学離れとして指摘されている諸問題の中には，科学を自分と関わりがあるものとして学習していないこと（三宅 2004）や，理論や知識などが関連するものとして科学を学習していないこと（中山 2006）などがある．自分の身の回りのことと関連づけて科学を学ぶことができる学習環境，

表 9-4　家庭における科学の学習環境

尺度	事前	事後
個人的関連性**	16.8 (4.2)	19.3 (4.0)
科学の不確定性**	15.1 (4.1)	17.1 (4.1)
批判的な発言	17.6 (3.8)	17.3 (4.3)
共有された学習の制御	14.5 (4.4)	14.8 (5.1)
周囲の人との話し合い	18.8 (3.0)	18.0 (4.5)

$N=48$.　　**$p<.01$

いずれの尺度についてもクロンバックの α が 0.7 以上のため，5 つの尺度ごとに合計得点を算出し，Wilcoxon の符号付き順位検定を行った.

科学とは自分を含めた人々の考えが関与するものとして科学を学ぶことができる学習環境を家庭の内側に実現できていたことは，科学離れのこれらの側面を克服する可能性を秘めたものであると評価できる.

9.5　ま と め

本章では，家庭における科学教育を支援するプログラム「おやこ de サイエンス」の開発の背景，教材の概要，教材の効果を順に述べた.

「おやこ de サイエンス」において，筆者らが目指したことは，家庭の中の「子ども」と「親」の双方に対して教育支援を行うことである.

小川 (1998) は，真正な科学の活動とは表面的に類似しているが，理論や法則，理論体系とは無関係の活動を「ネオ科学」と呼び，我が国にネオ科学の実験・観察が蔓延していると警告を発している. 今後，子どもに提供される支援が「ネオ科学的な学習」を奨励するものになることは避けなければならない，と筆者らは考えている.

また，いくつかの社会調査によって，大人の科学的知識や，科学に対する態度の実態も明らかになっている. 例えば，科学技術政策研究所が，全国 18 歳以上男女を対象として実施した「科学技術に関する意識調査」では，我が国の「科学技術知識の理解度」は 15 ヵ国地域国際比較で，欧米諸国に比較して低いレベルにあることがわかっている (科学技術政策研究所 2001).

また，内閣府が行った調査によると，科学技術についてのニュースや話題への関心は，「関心がある」とする者の割合が 52.7%，一方「関心がない」とする者の割合が 43.0% となっている（内閣府 2004）．

このような状況下で，いくら「家庭における科学教育の充実」だけを叫んでも，それは文字通り「かけ声」で終わる．むしろ，筆者らには，家庭における科学教育の KFS（Key Factors of Success：成功の鍵）は，親の知識や態度を「過信」せず，彼らが子どもの学習に積極的に関与することができるよう，「リソース」や「機会」を提供することが重要であると考えている．

「おやこ de サイエンス」は，家庭を「科学教育の場」に仕立て上げるための第一歩であり，実践上，かつ研究上の課題も非常に多い．しかし，今後，「家庭における科学教育の充実」が重要視されていく中で，ひとつの可能性を提示できたものと考える．

[参考文献]

Bell, P., Zimmerman, H. T., Bricker, L. A. and Lee, T. R. (2006) "The everyday cultural foundations of children's biological understanding in an urban, high-poverty community", Paper presented at the annual international conference of the National Association for Research in Science Teaching, San Francisco, CA.

ベネッセ教育研究開発センター（2005）『第1回子ども生活実態基本調査報告書』東京：ベネッセコーポレーション．

Chi, M. T. H., de Leeuw, N., Chiu, M-H. and La Vancher, C. (1994) "Eliciting self explanations improves understanding", *Cognitive Science*, Vol. 18, pp. 439–477.

Crowley, K. and Siegler, R. S. (1999) "Explanation and generalization in young children's strategy learning", *Child Development*, Vol. 70, pp. 304–316.

Falk, J. H., Dierking, L. D. and Foutz, S. (eds.) (2007) *In principle, in practice: Museums and learning institutions*, AltaMira Press.

Fisch, S. M. and Truglio, R. T. (2001) *"G" is for growing*, Mahwah, NJ: Lawrence Erlbaum Associates.

フォッグ，B. J.（2005）『実験心理学が教える人を動かすテクノロジ』高良理，安藤

知華訳, 東京：日経 BP 社.

Fraser, B. J. (1998) "Science learning environments: assessments, effects, and determinants", B. J. Fraser and K. G. Tobin (eds.), *International Handbook of Science Education*, Dordrecht, The Netherlands: Kluwer Academic Publishers, pp. 527-564.

Hall, R. L. and Schaverien, L. (2001) "Families' engagement with young children's science and technology learning at home", *Science Education*, 85 (4), pp. 454-481.

科学技術政策研究所（2001）「科学技術に関する意識調査」http://www.nistep.go. jp/achiev/abs/jpn/rep072j/rep072aj.html

国立教育政策研究所編（2005）『TIMSS 2003　理科教育の国際比較――国際数学・理科教育動向調査の 2003 年調査報告書』東京：ぎょうせい.

国立教育政策研究所編（2007）『生きるための知識と技能 3　OECD 生徒の学習到達度調査（PISA）　2006 年調査国際結果報告書』東京：ぎょうせい.

Leinhardt, G., Crowley, K. and Knutson, K. (2002) *Learning conversations in museums*, Mahwah, NJ: Lawrence Erlbaum Associates.

三宅なほみ（2004）「学校科学教育の刷新」岩村秀・中島尚正・波多野誼余夫『若者の科学離れを考える』東京：財団法人放送大学教育振興会, 165-180 頁.

内閣府（2004）「科学技術と社会に関する世論調査」http://www8.cao.go.jp/survey/ h15/h15-kagaku/index.html

中山迅（2006）「自ら問いを立て自ら結論を下す児童・生徒を育てる教育課程の大切さ」『理科の教育』55 (1)，7-9 頁.

小川正賢（1998）『理科の再発見――異文化としての西洋科学』東京：農山漁村文化協会.

Osborne, R. and Freyberg, P. (1985) *Learning in Science: The Implications of Children's Science*, Portsmouth, NH: Heinemann.

佐伯胖・菊池龍三郎・大島まり・大辻永・小川正賢・鎌田正裕・下條隆嗣・高木博彦・滝川洋二・貫井正納・増田正幸・村松二郎・湯本博文・森康子・美馬正司・松本英登・野口義博・鈴木晋（2004）「子どもの科学技術・理科に対する関心を高める家庭環境の実現のための保護者に対する科学教室等の取組のあり方についての調査研究」『日本科学教育学会第 28 回年会論文集』pp. 357-358.

The Learning in Informal and Formal Environments (LIFE) Center (2008) http://life-slc.org/

Watts, M. (2001) "The PLUS factors of family science", *International Journal of*

Science Education, 23(1), pp. 83-95.

[推薦図書]

滝川洋二ほか編著（2001, 2007）『ガリレオ工房の科学あそび』PART1〜3，東京：実教出版.

　「おやこ de サイエンス」の開発に参加して頂いたガリレオ工房のシリーズ本です．親子で簡単に楽しめる，ユニークな実験がたくさん紹介されています．「科学がちょっと苦手かな」というお父さん，お母さんでも，科学実験に気軽に取り組めるシリーズです．子どもが読んでもわかりやすい解説も添えられています．

R・ドライヴァーほか編，内田正男監訳（1993）『子ども達の自然理解と理科授業』東洋館出版社.

　子どもが科学の概念をなかなか理解できないというとき，まったく何も理解できていないのではなく，大人とは異なった仕方で理解している場合が少なくありません．教育学や心理学では，「概念変化」というテーマで，このような子どもの理解の仕方が明らかにされてきました．本書では，主として物理学の領域について，子ども独特の理解の仕方が紹介されています．

稲垣加世子，波多野誼余夫著・監訳（2005）『子どもの概念発達と変化──素朴生物学をめぐって』東京：共立出版.

　子どもは物理学以外の領域でも，独特な理解の仕方をしています．本書では，生物学の領域について，子ども独特の理解の仕方が紹介されています．また，子どもの理解の仕方が変化する要因やメカニズムに関しても解説されています．

第10章 デジタル教材の開発2
「なりきり English!」

　本章では，東京大学情報学環ベネッセ先端教育技術学講座で，2006〜2007年度に開発された社会人向けモバイル英語学習環境「なりきり English!」を事例として，開発から評価までの流れを概観する．本章で取り上げる評価は，教材開発の進行途中で行い，その結果を用いて教材開発の改善点，修正点を明らかにする「形成的評価（formative evaluation）」である．

10.1 「なりきり English!」の概要

　近年，日本では携帯電話や PDA（Personal Degital Assistant：携帯情報端末）などモバイルが普及し，単に電話や電子メールだけではなく，Web ブラウジング，カメラ，テレビなど電話を超えたマルチツールとして幅広く利用されている．外国語教育においても，いつでもどこでも通勤や通学途中などの隙間時間を使って学習が行えるという，モバイルの特徴に着目した学習システムが年々増えてきている．携帯電話の方が PC よりも学習機会を多く作ることが可能であり，また，適切なタイミングで学習者に情報を提示できることもあり（Fogg 2003），学習効果の有効性も示唆されている．

　このような背景のもと，多くの企業が国際競争力の強化を目指して社員の英語力向上を重要な課題としている点に注目し，企業に勤務する社会人が，英語リスニング学習を行うことができるモバイル教材「なりきり English!」を開発した．

161

村野井（2006）が指摘するように，第2言語を身につける上でその目標言語にできる限り多く触れることが大切であることは言うまでもないが，英語リスニング教材の構成を考えるとき，学習者に「何＝インプット」を，「どのように＝プロセス」聞かせるかという点について検討することが重要である．まず，「何を」という点において，本教材では，所属企業の業務を遂行する上で将来遭遇する可能性の高い英語活用場面をリスニングスキットとして提供し，学習者がリスニング能力の向上だけでなく，業務を遂行する際に転移可能な業務知識を同時に獲得できることを目指した．次に，「どのように」という点において，本教材では，教材と学習者の間にインタラクションの機会を設け，「どのように聞かせたらリスニング能力が向上するか」という聴解指導理論の研究知見を背景とし教材を構成した．これまでにも，iPodなど携帯情報端末を活用した英語リスニング教材は，いくつか存在している．しかし，その多くの学習方法は，モバイル技術で確保された隙間時間を利用して，「ひたすら英語を聞くこと」が学習活動の中心であり，「リスニング能力の向上」を目指す聴解指導理論を背景とした教材構成とはなっていない．

　つまり，「なりきりEnglish!」の特徴は次の2点にまとめることができる．

(1) 所属企業の業務を遂行する上で遭遇する可能性の高い英語活用場面（英語使用文脈）を教育内容とする．
(2) モバイル端末を利用して隙間時間に継続的に，聴解指導理論に基づいた教材で学習する．

　次節では，本教材の社会的背景と理論的背景について，教材の特徴である「英語使用文脈に応じた英語学習の必要性」と「聴解指導理論」の2つの観点から述べる．

10.2 社会的背景と理論的背景

10.2.1 英語使用文脈に応じた英語学習の必要性

10.1 で，グローバル化がより身近になってきた現在，多くの企業が社員の英語力向上を重要な課題としていることは既に述べた．新卒採用社員の内定時や入社時に TOEIC 等の客観的な英語能力を測定するテストを実施するケースも増加しているが，2006 年度の新入社員の TOEIC 平均スコアは 466 点で，海外赴任レベルとされる 730 点（B レベル）には届かないのが実情である．しかし，企業・組織に勤務する社会人にとって実際に必要な英語能力は，所属企業の業務が遂行できる英語能力であり，TOEIC 等のテストで測定可能な能力と必ずしも一致しているわけでない．社会人が所属企業の業務を遂行できるようにするためには，業務遂行のために必要な英語使用の文脈で何を聞くのか，つまりリスニング内容が精選されるべきであろう．

従来の英語教育において，第 2 言語習得を促すインプットの条件として，インプットの内容が学習者の生活，将来，興味，関心に関連があるかという「関連性（relevancy）」や，現実の言語使用を目的として産出されたかどうかという「真正性（authenticity）」の重要性が指摘されてはいるものの（村野井 2006），学習者がリスニングする内容や文脈に関する十分な研究はなされていないのが現状である（Long 1989）．また，企業における英語学習教材やプログラムは，語学に特化して，業務遂行とは切り離されてきた傾向がある（内藤，吉田，三浦，坂部，柴田，竹村，山田 2006）．

このような状況を踏まえ，「なりきり English!」では，「学習者が日々直面する仕事」を英語使用文脈として設定した教材を志向することとした．具体的には，リスニングスキットを，「所属企業の業務を遂行していくうえで将来遭遇する可能性が高いシーン」から構成した．そして，そのシーンにおける聞き手のコミュニケーション上の役割，つまり，「単に相手の情報を理解すればよい状況なのか」あるいは「聞き手として何か反応が求められている状況なのか」を考慮して，リスニング学習の目標を設定した．

10.2.2 聴解指導理論

「聴解 (Listening Comprehension)」は，日常生活の言語によるコミュニケーションの 40〜50% を占め，言語活動の中心と言われている (Rivers 1981; Oxford 1993). また，第 2 言語習得研究において，「インプット仮説」(Krashen 1985) が主張するように「理解可能なインプット」を得ることにより言語習得は進むため，聴解は言語習得の基盤となる技能ともいえる. 聴解は同じ理解過程である読解同様，単に意味を受け取る過程ではなく，聞き手の既有知識を援用しながら積極的に意味を構築する過程であるとの理解が広がっている.

具体的には，言語的に小さい単位（音韻，単語など）から順に大きい単位（節，文，文章や段落）へと理解を積み重ねていくボトムアップ処理 (bottom-up processing) と，聞き手の持つ一般的な知識（スキーマ）や文脈からの予測や推測を手がかりに理解を進めていくトップダウン処理 (top-down processing) の 2 つを組み合わせて理解を進めているとする考え方が一般的である (Long 1989). 近年，ボトムアップとトップダウンの 2 つの過程を聴解ストラテジーという形で学習者に意識させる指導法が広く用いられるようになってきた (Mendelsohn 1994; Rost 1990, 1991). 横山 (2005) は，聴解指導において「過程重視の聴解指導」としてさらに具体化し，聴解の過程を支えるストラテジーを積極的に導入した教室場面における聴解指導法の効果について報告している. 学習者が，① 目的を意識して聞く，② 先を予測しながら聞く，③ 聞いて理解したことに反応する，④ 理解できなかった部分を推測する，⑤ 予想や推測の結果を確認する，⑥ 理解できなかったことを聞き返す，の 6 つのストラテジーを意識し，自らの理解を確認しながら聞く（モニター）ことが重要であるとする. これらの研究成果から，効果的な指導法の要件を次のように整理できる.

(1) 聴解指導を，プレリスニング，リスニング，ポストリスニングの 3 つの段階に分ける.

(2) プレリスニングの段階では，トップダウン的な聞き方を支援するため，

学習者に対する動機付けを図り，学習者の既有知識の活用を促し，学習者が能動的に聴解に取り組めるようにする．

(3) リスニングの段階では，聞く目的を意識させ，ボトムアップとトップダウン双方の聴解過程を意識した練習を行い，先を予測しながら聞いたり，理解できなかった部分を推測したり，予測や推測の結果を確認しながら聞くなどの聴解ストラテジーを学習者に意識させる．

(4) 自らの理解を確認しながら聞くこと（モニター）を促進する．

(5) ポストリスニングの段階では，聞いて理解したことに対して学習者に能動的な何らかの反応を求め，理解度を確認させる．

本教材では，以上の知見を踏まえ，聴解指導法に基づいた教材設計，ならびに開発を行った．

10.3 モバイル教材の開発

10.3.1 システムの構成

社会人を対象とし，聴解指導理論に基づいたモバイル英語リスニング学習教材を提供するためには，システム要件として，次の3点を考慮しなければならないと考えた．

(1) 聴解指導の3つの段階（プレリスニング，リスニング，ポストリスニング）ごとに，必要なコンテンツ（動画，音声，問題文，選択肢など）を提示でき，柔軟かつ容易に教材開発が行えること．

(2) 社会人が隙間時間を利用して学習を継続できるよう支援し，学習進捗データ（学習履歴や成績）を細かく記録し保存できること．

(3) リスニング練習のための動画や音声を安定して再生でき，学習者とのインタラクションが行えること．

使用機器の選択にあたっては，上記3つの要件に加え，日本でも社会人を

中心にスマートフォン市場が急速に拡大している現状を踏まえ，Willcom
社のスマートフォンである "W-ZERO3" を採用することにした．3つのシス
テム要件を実装するためには，Web ベースで起動する Flash でアプリケー
ションを開発する必要があった．本システムはクライアント・サーバー構成
となっている．サーバー側は Web サーバーとデータベースサーバーで構成
されている．具体的な実装方法は，次のようにまとめることができる．

(1) クライアント側は，Adobe Flash で開発を行い，動画と音声は高品
　　質なものを提供できるよう，Flash Video を採用した．
(2) 学習促進のため，サーバー側ではメール配送システム（Mail Trans-
　　fer Agent: MTA）として Gmail を起動させ，朝と夜の指定した時
　　刻に学習促進を狙ったメールをクライアント側へ配信することとした．
(3) コンテンツ構造と内容を XML で管理することにより，教材の編集を
　　容易にした．これにより，聴解指導過程を踏まえた学習の流れに沿っ
　　て，再生する動画や音声，問題文，選択肢，成績の基準，正答，コン
　　テンツ表示の構成順，問題文・選択肢が表示される時間などを制御す
　　ることが可能となった．
(4) 学習進捗データ（どこまで学習したか）をクライアントのローカルフ
　　ラッシュメモリとサーバー間で管理することで，短い隙間時間を使っ
　　て，学習を中断したり再開したりできるようにした．
(5) 学習履歴データ（学習者の解答した入力情報）と XML で管理してい
　　る正答や成績の基準を照合し，聴解指導過程に応じて適切なフィード
　　バック情報を提示することにより，自らの理解を確認しながら聞くこ
　　とを促した．

10.3.2　学習の流れ

　本教材は，1日分の学習が学習の最小単位（1ユニット）となっている．1
日の学習は，10.2.2 の聴解指導法を踏まえ，表 10-1 のような構成とした．
1日の生活の流れに合わせて，聴解指導の「プレリスニング（聞く前に）―

表 10-1　教材構成とストラテジー

教材構成		各段階のねらい	ストラテジー		
			トップダウン	ボトムアップ	モニター
プレリスニング	1　今日の目標	リスニングの目的や，聞き手の役割を理解する	◎		
	2　知っていますか	背景知識を活性化して，予測しながら聞く	◎		
	3　今日のキーワード	内容理解のために最低限必要なキーワードを確認する	◎	○	
リスニング	4　おためしリスニング	練習を開始する前に一度聞いて，自己評価する			◎
	5　ざっくりリスニング	全体を聞いて要点をつかむ（大意把握）	◎		○
	6　つかんでリスニング	理解に必要な語句を聞き取る		◎	○
	7　じっくりリスニング	細かいところまで正確に聞き取る（詳細理解）	◎	◎	○
ポストリスニング	8　今日のまとめ	聞いたことを整理して英語でメモを作成する			◎
	9　おやすみリスニング	英語のスクリプトと日本語訳を見ながら，自己評価する			◎

◎：主となるストラテジー，○：補完的なストラテジー

リスニング（聞きながら）―ポストリスニング（聞いた後で）」の 3 段階の学習を提供できるような流れとした．また，学習者が，学習の前後および学習途中で自分自身の理解をモニターする機会を提供した．なお，1 日の学習時間は，忙しい社会人が毎日学習を継続できるよう，30 分を目安とした．1 日分の映像の長さは 3 分程度であるが，学習者は，様々な練習に取り組みながら繰り返し視聴することが求められる．

プレリスニング

　プレリスニングの段階は，「今日の目標」「知っていますか」「今日のキー

ワード」の3つで構成され，トップダウン的な聞き取りを行うための準備を行う．

(1) 「今日の目標」では，その日のリスニングの目的が表示され，学習者がどのような立場で，何が理解できればいいかということを伝える．

(2) 「知っていますか」では，学習者が既に持っている知識や経験（スキーマ）を利用して予測しながら聞くことができるよう，その日のリスニング内容を理解するのに役立つ知識をクイズ形式で確認する．

(3) 「今日のキーワード」では，内容理解のために最低限必要なキーワードの発音と形（スペリング）と意味を，タッチペンで線を引いて確認する．

プレリスニングの段階は，あくまでも学習者を聞きたい気持ちにさせ（動機付け），能動的にリスニング練習に取り組めるようにするための準備段階である．そのため，クイズ形式にする，問題や解説表示の画面で写真や図表を活用し文字情報を少なくする，などのインターフェース面の工夫を施した．

リスニング

リスニングの段階は，「おためしリスニング」「ざっくりリスニング」「つかんでリスニング」「じっくりリスニング」の4つで構成される．

(1) 「おためしリスニング」では，リスニング練習を始める前に試しに1度通して聞いてみて，どのくらい聞き取れるか自己評価を行う．そしてリスニング練習を開始する．

(2) 「ざっくりリスニング」は，トップダウン的な聞き取りを支援し，全体を聞いて要点をつかむ練習で，聞き取りのポイントを知った上で聞き，最後に内容理解確認のための○×問題に解答する．

(3) 「つかんでリスニング」は，主にボトムアップ的な聞き取りを支援するためのもので，リスニングをしながら理解に必要な語句を聞き取る

練習である．画面上に表示されたフレーズが聞こえたらチェックし，最後に語句がリストアップされ発音と形（スペリング）と意味を確認できる．

(4)「じっくりリスニング」は，細部まで理解するための練習で，内容に関する質問に対して答えながら聞く．質問内容は，音声面の区別や細かい数字の聞き取りなどボトムアップ的な聞き方を促す質問，背景知識を活用するトップダウン的な聞き取りを促す質問，聞き取れたことから推測を促す質問など，多様な聴解ストラテジーが質問内容やフィードバックに埋め込まれている．

　リスニングの段階では，10.2.2 の効果的な聴解指導法の要件として挙げたように，学習者が「目的意識を持って」リスニング練習をする必要があり，聞く前に質問を与え，目的に応じた適切なストラテジーの使用を促すことが重要であった．この要件に対してシステム的にインターフェース面で配慮し

図10-1　「じっくりリスニング」の画面

た点を，他の練習の画面構成も同様であるため，「じっくりリスニング」の画面（図10-1）を例にして述べる．まず，画面上部には，リスニング練習の段階を表示し，その練習の目的を意識させた．そして，画面下部に，動画と音声の再生前に問題文や解答のための選択肢を表示し，「何を聞かなければならないか」目的意識を持って練習を行うよう促した．

ポストリスニング

　ポストリスニングの段階は，「今日のまとめ」と「おやすみリスニング」の2つで構成される．

(1) 「今日のまとめ」は，リスニング内容をまとめた文章を完成させる練習である．教材のストーリーに合わせてインタビューの内容を要約し報告するという流れとなっている．
(2) 「おやすみリスニング」は，「今日のまとめ」までの学習が終わってから始めることができる．また，「ざっくりリスニング」と「じっくりリスニング」のスコアが基準点を充たしていない場合，「今日のまとめ」に進むことができず，復習が必要となる．「おやすみリスニング」では，スクリプトや日本語訳を見ながら全体を聞くことができ，その日のリスニング内容を復習することができる．そして最後に，どれだけ聞き取れたか自己評価を行う．

　ポストリスニングの段階は，学習内容の定着を図り，学習者が自らの理解度を確認し，達成感を持って学習を終えることが効果的な聴解指導法の要件として求められていた．これらの要件に対して，学習者が不十分な理解のまま学習を終えることがないよう，学習履歴データに基づいて強制的に復習することを促したり，動画再生の時間軸に合わせて英語のスクリプトと日本語訳を同期的に表示させ確実な内容理解を促す，などシステム的に配慮した．

170——第Ⅲ部　デジタル教材のデザイン論

10.4 形成的評価のための実証実験

本節では，教材開発の進行途中で教材の改善点，修正点を明らかにする「形成的評価」として行った実証実験の概要を述べる．この評価は，10.1 で述べた「なりきり English!」の 2 つの特徴のうち，「(2) モバイル端末を利用して隙間時間に継続的に，聴解指導理論に基づいた教材で学習する」という点に焦点を絞った．

ある企業に勤務する 23 名の社会人を対象として，本教材を利用した 7 日間の実証実験を行った．1 日目に集合させ，質問紙調査，事前テスト，使い方の説明を行った．1 日おいて，3 日目から 5 日間自由に学習を行わせた．7 日目に集合させ，質問紙調査，事後テストを行った．

評価の目的は，(1) 本教材による学習の成果を検証すること，(2) モバイル学習に対する評価を行うこと，(3) 教材内容構成に対する評価を行うこと，の 3 つである．23 名のうち，全てのテストと質問紙調査に参加した 20 名を分析対象とした．学習の成果は，認知面と情意面の変容をみるため，「学習者の聴解能力の向上」と「英語使用に対する不安の低下」の 2 つの側面から検証した．聴解能力については，学習開始前に事前テストを行い，5 日間の学習終了後に同様の事後テストを行った．「英語使用に対する不安の低下」については質問紙により事前・事後の変化をみた．モバイル学習に対する評価および教材内容構成に対する評価は，事後の質問紙の結果に基づいて行った．なお，試行実験後 1 ヵ月経過した時点で 7 名を対象に行った事後インタビューの結果についても適宜参照した．

10.5 評価の概要

10.5.1 学習の成果

聴解能力の向上

聴解テストは 2 種類実施した．1 つは，教材作成時に準備した素材のうち，教材には採用しなかった素材をもとにして作成した聴解テスト（約 8 分）で，

英語のインタビューを 1 度聞かせ，それに関する内容理解の質問 10 問に解答させた（以下，聴解テスト（自作）とする）．1 問正答につき 2 点，合計 20 点のテストであった．聴解テスト（自作）は，事前・事後テストともに同じ問題を使用したが，事前テスト実施直後に問題を回収し正解に関する解説を一切していないこと，インタビュー内容を 1 度聞いて全て暗記することは不可能であることから，結果に特に影響を与えることはないと判断した．なお，同じ問題を事後テストに使用することは，学習者には一切告げなかった．

　2 つ目は，客観的な英語能力を測定するために CASEC（Computer Assessment System for English Communication）を実施した．CASEC は，コンピュータを使った英語コミュニケーション能力判定テストで，いつでも自由に受験可能で，短時間（平均 30〜40 分）で能力測定を行うことができるため，事前・事後テストとして採用することとした．テストは，4 つのセクション（Section 1〜4）から構成され，試験時間の平均は約 30〜40 分である．各セクションの目的は，Section 1 は「語彙の知識」，Section 2 は「表現の知識」，Section 3 は「リスニングでの大意把握能力」，Section 4 は「具体情報の聞き取り能力」を測定することである．学習効果の検証には，Section 3 と Section 4 の結果を使った．なお，Section 3 は，自然なスピードの音声を聞き，画面に表示された質問文に対する答えを，4 つの選択肢から選ぶという出題形式である．Section 4 は，自然なスピードの音声を聞き，画面に表示されている音声と同じ英文の空所にあてはまる単語をキーボードで入力して解答するという出題形式である．

　2 種類の事前・事後テストの得点間でウィルコクソンの符号順位検定により比較を行ったところ，聴解テスト（自作）は，事前・事後テストの得点に有意差が認められ（$Z=1.98, p<.05$），事後テストの得点が上昇していた．一方，CASEC の得点は，「リスニングでの大意把握能力」を測定する Section 3 の得点においては事前・事後で有意差は認められなかった（$Z=0.31$, n.s.）ものの，Section 4 の「具体情報の聞き取り能力」の得点は事前・事後テストの得点に傾向差が認められ（$Z=1.92, p<.10$），事後テストの得点が上昇していた．

英語使用に対する不安の低下

第2言語不安とは，学習者が第2言語を学習・使用する際に感じる状況特定的な不安で，第2言語教育・習得研究において，近年注目されている情意要因の1つである．これまでの研究から，不安によって第2言語の使用や学習が阻害されるということがわかっている（Horwitz, Horwitz and Cope 1986）．本教材使用後の英語使用に対する情意面の変化を，「英語使用に対して学習者の不安が低下したかどうか」という観点から調査するために，17の質問項目を提示し，（5：とてもよくあてはまる，4：あてはまる，3：どちらともいえない，2：あてはまらない，1：まったくあてはまらない）の5段階で評定してもらった．英語不安を測定する調査は，聴解テストの学習者の英語不安への影響を鑑み，聴解テストの前に行った．

17項目の作成は，Horwitz, Horwitz and Cope（1986）の "Foreign language classroom Anxiety" をもとに作成された日本語版英語不安尺度（野口 2006）にある30項目を参考にした．そして，本教材の対象者の属性に合わせて，4因子から構成される尺度のうち英語使用不安と失敗に対する不安の2因子の項目から，今回の調査の趣旨に合う項目のみを採用した．また，本教材の内容に合わせて，上記項目で「話す」という技能で表現されている6項目を「聞く」に変更した．なお，英語不安尺度の項目に関して欠損値があったため，19名を対象とした．

事前・事後の比較を行うにあたって，英語不安を測定する17項目の事前・事後の結果を用いて，それぞれ主成分分析を行った．その結果，事前・事後ともに第1主成分から第2主成分への固有値の落ち込みが大きいことから，1次元構造とみなすのが適当であると判断し，17項目を単純加算した．なお，単純加算にあたって17項目中，逆転項目にあたる項目については反転処理を行った．尺度の信頼性を検討するために事前・事後のそれぞれについてクロンバックの α 係数を算出し，事前で $\alpha = .95$，事後で $\alpha = .95$ という結果を得た．このことから，事前・事後ともに十分な信頼性を有していると判断し，17項目を単純加算した得点を，事前・事後の英語不安尺度得点として用いた．

ウィルコクソンの符号順位検定により，事前・事後の英語不安尺度得点の比較を行ったところ，有意差が認められ（Z＝2.84, p<.01），英語使用に対する不安が低下していることがわかった．

社会人が英語で仕事上のコミュニケーションを円滑に行うためには，英語使用に対して不安を抱かず，自信を持って対応できることが重要であることは言うまでもない．短い学習期間で，聴解力の向上に加えて，英語使用に対する不安が大きく低下したことは，本教材の英語学習教材としての副産物と言えよう．

10.5.2 モバイル学習に対する評価

モバイル学習に対する評価は，試行実験後の質問紙調査とインタビューにより (1) 利用形態，(2) 使いやすさ，(3) モバイル学習への肯定感の3つの観点から評価した．

利用形態

モバイル学習のメリットとして，「携帯可能で，いつでもどこでも学習できる」ということが挙げられるが，本教材の利用形態について「外出時に携帯していたか」「いつどこで利用したか」という質問項目を提示し，その頻度を調査した．「外出時に携帯していたか」という質問に対する回答を，（ア：いつも持ち歩いていた，イ：よく持ち歩いていた，ウ：あまり持ち歩いていなかった，エ：いつも持ち歩いていなかった）の4つの選択肢から選んでもらったところ，75% の人が外出時に（ア：いつも，イ：よく）持ち歩いていたと回答した．また，「いつどこで利用したか」については，(1) 自宅にいるとき，(2) 徒歩で移動しているとき，(3) 電車・バスなどを待っているとき，(4) 電車・バスなどに乗っているとき，(5) 会社にいるとき，(6) 出先にいるとき，(7) その他の場所にいるとき，の7つの場面を設定し，平日と休日のそれぞれについて，(5：とてもよく見ていた，4：見ていた，3：どちらともいえない，2：見ていない，1：まったく見ていない，0：そのようなときはなかった）の6つの選択肢から最もあてはまるものを選んでも

らった.「平日の電車・バスなどに乗っているとき」は, 60% の人が「5:
とてもよく見ていた, 4:見ていた」と回答した.「5:とてもよく見ていた,
4:見ていた」と回答した人の割合は,「電車やバスなどを待っているとき
(35%)」「出先にいるとき (30%)」「会社にいるとき (25%)」「徒歩で移動し
ているとき (15%)」と続く. この結果から, 自宅外での隙間時間を利用し
た学習が行えていたことがうかがえる. 事後インタビューでも, 朝・夜の通
勤電車の中で利用した人, 昼休みや終業後喫茶店や図書館で利用した人など,
各人の生活スタイルによって多様であったことが確認できた.

使いやすさ

使いやすさについては,「画面構成やデザイン」「ボタンの配置, 操作性」
「映像の大きさ, 長さ, 画質」「音声の鳴るタイミング, 音質」について, 8
つの質問項目を提示し, (5:とてもよくあてはまる, 4:あてはまる, 3:ど
ちらともいえない, 2:あてはまらない, 1:まったくあてはまらない) の5
段階で評定してもらった.

「画面構成やデザイン」「映像の大きさ, 長さ」「音声の鳴るタイミング」
については, 70% 以上の人が (5:とてもよくあてはまる, 4:あてはまる)
と回答し, 肯定的な評価を得た. 一方,「ボタンの配置は適切だった」「映像
の画質は適切だった」という項目に対しては, 約半数の人が (3:どちらと
もいえない, 2:あてはまらない, 1:まったくあてはまらない) と回答し,
肯定派・否定派に二分された結果となった. 全体的に評価が低かった点は,
「ボタンの操作性」と「音質」であった.「ボタンの操作性は良かった」に対
して, (5:とてもよくあてはまる, 4:あてはまる) と回答した人は 15%,
「音質は良かった」に対して, (5:とてもよくあてはまる, 4:あてはまる)
と回答した人は 35% に留まった. 問題となった点には, 使用機器に起因す
るものも含まれているものと思われる.

モバイル学習への肯定感

モバイルによる英語リスニング学習全体について,「教材の難易度, 学習

時間, 学習の流れ」に対する感想と,「学習の効果や学習に対する達成感」について 10 の質問項目を提示し,（5：とてもよくあてはまる, 4：あてはまる, 3：どちらともいえない, 2：あてはまらない, 1：まったくあてはまらない）の 5 段階で評定してもらった.「携帯電話を利用した学習は便利だ」の項目に対して, 80% の人が（5：とてもあてはまる, 4：あてはまる）と回答し, 70% 以上の人が「本教材での英語学習は楽しかった（5＋4：75%）」「1 日分の学習内容をやりとげるごとに, 達成感を得られた（5＋4：70%）」「本教材で勉強したら聞き取りの力がつくと思う（5＋4：70%）」と回答した. また,「1 日にかかる学習時間は適切だった」の項目に対して, 80% の人が（5：とてもあてはまる, 4：あてはまる）と回答し, 1 日 30 分の学習時間は, 忙しい社会人にとって無理のない学習時間だったと言える.

　一方で,「携帯電話を利用した学習は効果的だ」と回答した人は 55%（5＋4）に留まり,「英語をどのように聞き取るとよいか, コツがつかめた」という質問に対して, 半数の人が「どちらともいえない」と回答した. この結果から, モバイル学習に対して概ね肯定感を持っているものの, 5 日間の短期間の学習では, 学習の効果や学習に対する達成感を実感できなかった人もいたことがわかった.

　事後インタビューで,「朝・夕 2 回のメールによる学習の動機付けと学習促進」について尋ねたところ, 学習を習慣化でき, 継続的に学習できる点は評価が高かったが, その反面メールが来ないと 1 日の学習が始められないといった制約はないほうがいいという声が多かった. また,「聞くだけでなくいろいろな練習や課題が用意されているインタラクティブな教材」である点については, 事後インタビューを行った 7 名全員から高い評価を得た. 具体的なコメントとして,「聞き流すのではなく, 注意して聞けた」「自分の課題がはっきりしてよかった」「やる気が出た」「自分がわかっているか判断できた」「どこまで出来たかがわかる」など肯定的なコメントを得ることができた.

教材内容構成に対する評価

　教材構成に対する評価としては，試行実験後，10.3.2で述べた学習の流れに基づいて，聴解過程を重視した指導法の各段階のねらいを学習者自身が実感できたかどうかを調査するために13の質問項目を提示し，（5：とてもよくあてはまる，4：あてはまる，3：どちらともいえない，2：あてはまらない，1：まったくあてはまらない）の5段階で評定してもらった．その結果，各段階のねらいは概ね実感できていたことがわかった．特に，プレリスニングの「今日の目標」「知っていますか」「今日のキーワード」「おためしリスニング」と，リスニングの「じっくりリスニング」に対して高い評価が得られた．一方，聞き取れた語句をチェックする「つかんでリスニング」と，ポストリスニングの「おやすみリスニング」のねらいを実感できた人の割合が若干低い結果となった．前々項の使いやすさに対する評価として挙がった課題の「音質」や「ボタンの操作性」との関連性も踏まえ，対応を検討しなければならないことがわかった．

10.6　ま　と　め

　本章では，社会人を対象としたモバイル英語学習環境「なりきりEnglish!」を事例として，教材開発の進行途中で行い，その結果を用いて教材開発の改善点，修正点を明らかにする形成的評価までの流れを概観した．その後「なりきりEnglish!」は，形成的評価の結果にもとづいて，システムおよび教材内容構成において課題となった点について微調整を加え，異なる企業の社員60名を対象とした3週間の学習プログラムを開発し，本実験を行った．形成的評価の段階では，10.1で述べた「なりきりEnglish!」の2つの特徴のうち，「(2) モバイル端末を利用して隙間時間に継続的に，聴解指導理論に基づいた教材で学習する」という点に焦点を絞って行ったが，本実験では，もう1つの特徴である「(1) 所属企業の業務を遂行する上で遭遇する可能性の高い英語活用場面（英語使用文脈）を教育内容とする」という観点から，学習の成果および業務経験の有無による影響について評価を行った．

第10章　デジタル教材の開発2——177

この結果については，別稿で述べることとする．

最後に，言語学習教材の開発において，今後検討すべき点について述べる．「なりきり English!」は，経済・社会のグローバル化の影響を受け，多くの企業が社員の英語力向上を重要な課題としているにもかかわらず，これまでの企業における英語学習教材やプログラムは，語学に特化して，業務遂行とは切り離されてきた傾向があるという現状に注目し，社会人が所属企業の業務を遂行するために必要な英語使用の文脈を教材化することを試みたものである．労働人材流動や移民の受け入れの進むヨーロッパの言語政策である，ヨーロッパ共通参照枠（Common European Framework of Reference for Languages: CEFR）でも，「学習者は言語を使って何をしなければならないか」という言語使用の文脈を重視することを求めている（Council of Europe 2002）．「なりきり English!」では，その開発過程において，言語使用の文脈を教育内容とするために，ストーリー構成や学習内容を，学習者が勤務する企業の業務管理者と共同で開発した．今後の言語学習教材の開発において，言語教育の専門家だけでなく，業務の専門家と連携してカリキュラムや教材を開発していく体制が，一層必要となると思われる．また，「なりきり English!」は，英語力の向上だけでなく，現実の業務を遂行する際に必要となる業務知識も同時に獲得できることを目指した．このような複合的能力の育成を目指した教材の学習効果をどのように測るのが望ましいか，評価のあり方を検討する上で今後重要な観点となるであろう．

［参考文献］

Council of Europe (2002) *Common European Framework for Reference of Languages: Learning, Teaching, Assessment*, 3rd printing 2002, Cambridge, UK: Cambridge University Press.

Fogg, B.J. (2003) *Persuasive Technology: Using Computers to Change what We Think and Do*, San Francisco: Morgan Kaufmann.

Horwitz, E. K., Horwitz, M. B., and Cope, A. (1986) "Foreign language classroom anxiety", *The Modern Language Journal*, Vol. 70, pp. 125–132.

Krashen, S. (1985) *The Input Hypothesis: Issues and Implications*, London: Longman.

Long, D. R. (1989) "Second language listening comprehension", *The Modern Language Journal*, Vol. 73, pp. 32–40.

Mendelsohn, D. J. (1994) *Learning to Listen: A strategy-based approach for the second-language learner*, San Diego: Dominie Press.

村野井仁 (2006)『第二言語習得研究から見た効果的な英語学習法・指導法』東京：大修館書店.

内藤永, 吉田翠, 三浦寛子, 坂部俊行, 柴田晶子, 竹村雅史, 山田惠 (2006)『海外進出を果たした北海道企業における英語使用実態の調査研究』財団法人北海道開発部会, 平成 18 年度助成研究報告書.

野口朋香 (2006)「英語学習における不安とコミュニケーション能力——不安軽減のための教室環境づくりへの提言」*Language Education & Technology*, Vol. 43, pp. 57–76.

Oxford, R. (1993) "Research update on teaching L2 listening", *System*, Vol. 21, No. 2, pp. 205–211.

Rivers, W. M. (1981) *Teaching Foreign Language Skills*, Chicago: University of Chicago Press.

Rost, M. (1990) *Listening in Language Learning*, London: Long-man.

Rost, M. (1991) *Listening in Action*, New York: Prentice Hall.

横山紀子 (2005)「「過程」重視の聴解指導の効果——対面場面における聴解過程の分析から」『第二言語としての日本語の習得研究』第 8 号, 44–63 頁.

[推薦図書]

白井恭弘 (2004)『外国語学習に成功する人, しない人——第二言語習得論への招待』東京：岩波書店.
　言語学や心理学などの知見を基盤としながらも, 独自の研究分野として発展してきた「第二言語習得研究」の動向がわかりやすく概説されており, 第二言語習得研究の入門書として読める.

JACET SLA 研究会 (2000)『SLA 研究と外国語教育——文献紹介』東京：リーベル出版.
　「第二言語習得研究 (SLA)」に関して, その変遷を概観するとともに, 理論や社

会言語学的アプローチ，外国語教育における指導や評価などをまとめた文献が紹介されている．言語学習用教材を開発する場合，関連する分野の先行研究に容易にアクセスできる．

村野井仁（2006）『第二言語習得研究から見た効果的な英語学習法・指導法』東京：大修館書店．
第二言語習得研究に基づきながら，英語運用能力を育てるためにはどのような英語学習および指導が効果的であるのか，実践的に検討している．そして，これまでの日本における英語学習・英語指導のあり方を見直し，具体的な提案を示している．

終章　デジタル教材と学びの未来

　第Ⅰ部から第Ⅲ部を通じて，デジタル教材の歴史と活用の広がり，設計・評価と開発の実際について説明してきた．ここでは，最後にデジタル教材の今後の可能性について検討していくことにする．

11.1　デジタル教材と学習観

新しい学習観

　第Ⅰ部において，デジタル教材の背景にある行動主義・認知主義・社会構成主義の学習観について説明した．今後，1990 年代に主流になった社会構成主義に続く新しい学習観は現れるのだろうか．

　本書執筆時点（2010 年）において，教育研究に影響を与えている支配的学習観は社会構成主義である．しかし，学習観は社会的状況や人間に関わる他分野の研究動向に影響を受けるので，今後も社会構成主義が支配的でありつづけるかどうかはわからない．

　個人的には，近いうちに行動主義・認知主義・社会構成主義に続く第 4 の学習観が登場する可能性があると考えている．学習と創発を連続したものととらえ，新しい課題を発見し，解決の方法を編み出すことを学習と考える学習観である．情報化社会の到来とともに社会は激しい流動化の時代を迎えており，大学に対して価値創造を重視する教育への期待が高まっている．現在のところ，研究的な潮流を形成する段階にはいたっていないが，活動理論や

181

CSCL 研究の一部に，このような方向への指向性が見られる．

パラダイムシフト

　菅井（1983）は，1960 年代から 80 年代における教育システムの転換に行動主義から認知主義への心理学のパラダイムシフトが影響していると主張している．ここで言うパラダイムとは，科学哲学者クーンが提唱した科学者集団が研究対象を検討するための認識枠組みである．この考え方によれば，教育研究における学習に対する認識枠組みの変更が，デジタル教材の設計方針に影響を与えていることになる．1985 年以降においても，認知主義から社会構成主義へのパラダイムシフトの直後に CSCL が登場しており，学習観の転換が，デジタル教材の流れに影響を与えていることは事実であろう．

学習観の混在

　本書出版時点におけるデジタル教材を概観してみると，CAI 的な学習観を持つドリル型教材や，マルチメディア教材的な学習観を持つ教材データベース，CSCL 的な学習観を基盤とした SNS 上の学習が混在している状況にある．学習観が設計方針に影響を与えるのであれば，パラダイムシフトによって古い形の教材は消えるはずであるが，そうなっていないのはなぜだろうか．

　理由はいくつか考えられるが，最大の要因として理学におけるパラダイムシフトは工学に直結しないことが挙げられる．教育研究者の認識枠組みと研究の焦点が社会的な学習過程に移ったとしても，現場において個人的な学習がなくなるわけではない．他に利用できる設計思想がなければ，利用できる過去の知見として，CAI やマルチメディア教材において確立した方法が参照されることになる．

統合的なデザイン

　異なった学習観から抽出された設計方針をそのまま組み合わせても，総体として有機的に機能するものにはならない．学習者は教材に隠された学習観

の差異に違和感を持ち，既有の学習観に合う部分を選んで利用するからである．デジタル教材を設計する際には，教材開発プロジェクトとして基盤となる学習観を決めてから，統合的なデザインを心がける必要がある．

社会構成主義的な学習観に基づいた教材を設計するのであれば，個人の行動変化や認知過程の支援についても，社会的な学習における意味づけを行う必要がある．CAI 的な「問いと答え」の連鎖において納得できない部分から社会的対話につなげたり，マルチメディア教材へのコメントが，新しい気づきのきっかけになるような仕組みを導入するなどの方法が考えられる．

11.2 教材設計の専門性

デジタル教材に関する知識は，教育工学を専門とする国内外の大学・大学院において学ぶことができる．最近はオンラインで学べる大学も増えているので，検討してみてはいかがだろうか．ここでは，デジタル教材を制作する際に必要な専門性について考えてみたい．

対話による知識生成

デジタル教材を設計する行為は，教室であれば授業案を作成する行為と考えることができる．Shulman (1987) は，教師に必要とされる知識として教育内容に関する知識 (Content Knowledge)，一般的な教育に関する知識 (General Pedagogical Knowledge)，内容に依存した教育に関する知識 (Pedagogical Content Knowledge) などがあり，熟練教師は特に内容に依存した教育に関する知識が発達していると述べている．教師と教材制作者の大きな違いは，教材制作者がチームで仕事をする点にある．教材制作者は，通常教育内容の専門家と協力しながら教材の設計を進める．教材制作者は一般的な教育方法に関する知識を持っているが，自分の持つ一般的な教育方法の知識と，教育内容の専門家が持っている教育内容に関する知識を対話の中で止揚し，教材制作に必要とされる内容に依存した教育方法に関する知識を生み出す必要がある．

終章　デジタル教材と学びの未来──183

学習者に対する想像力

デジタル教材の設計において最も困難な点は，対面型の授業と違って学習者が見えないことである．オンライン上の学習者は既有知識や学習スタイルも多様であり，人数が多いこともあいまって学習者の状況を把握することが難しい．

最近のデジタル教材は学習管理システム（Learning Management System）と呼ばれる個人の学習履歴を蓄積する仕組みを持っており，学習者の誤りのパターンなどから適切な教材を推薦することも技術的には可能である．しかしながら，学習者に対する適切な処遇の一般解は存在しないので，設計者の経験知が試されることになる．

デジタル教材の熟練制作者は，教材の形成的評価の経験を積むことによって，学習者を想像する力を養っている．形成的評価では，教材が目標通り機能するかどうか学習者を呼んできて観察を行う．学習者の教材に対する反応を詳細に検討することによって，学習者の学習過程が想像できるようになるのである．

技術のコーディネーション

デジタル教材は，教育コンテンツと教育システムを有機的に統合したものである．教育システムは情報システムの一種であるため，構築するには技術的な素養が必要とされる．ただし，システム構築は専門家であるシステムエンジニアが担当することが多く，教材設計者は教育内容の専門家とシステム構築の専門家の橋渡しと調整の役割を果たす．

最近は，教育システムを一から構築する事例は減っており，既存のシステムを組み合わせて構成することが多い．

Wenger（2009）は，実践共同体において技術をコーディネートしながら学習を支援する役割を "Tech Steward"（技術執事）と呼んでいる．技術執事は，実践共同体の状況を分析し，ウェブ上に展開される様々な技術的な資源を学習を引き起こすためにアレンジする．今後デジタル教材制作者に必要とされるのは，このような技術的素養を持ったコーディネータの役割であろ

う．

11.3　学びを支援する文化を育てる

　デジタル教材の可能性は，学校のような制度的な教育の場に限られているものではない．むしろそれ以外の領域に潜在的な力が発揮される場がある．

　図11-1は，スタンフォード大学LIFEセンターが，学校教育のような制度的な学習環境（Formal Learning Environment）と自発的に学ぶ非公式な学習環境（Informal Learning Environment）において過ごす時間を整理したものである．人の一生の大半は，正規の教育によらない自発的な学習であることがわかる．

　制度的な教育には社会的な資源が投入され，学校という対面型の場が用意されている．それに対し，人がよりよい人生を送るために自発的に学ぶ行為は，生涯学習と呼ばれているものの，具体的な支援の方策は十分ではない．

　情報化社会の進展にともない，学ぶべき事柄は爆発的に増加している．このような変化の激しい大量の知識を学校教育のような制度的な学習に吸収するのは難しい．今後ますます自発的な学びの重要性が高まるだろう．

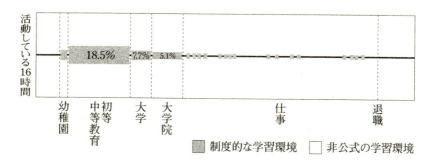

図11-1　生涯学習における制度的な学習と自発的な学習
　　　（THE LIFE Center, University of Washington, Stanford University and SRI International（2007）より一部修正）

情報流通の民主化

私たちは情報通信技術によって情報を民主的に流通させる仕組みを手に入れた. ブログや Wiki, SNS など, ウェブを基盤とした民主的で双方向的な情報流通の仕組みは, 学校という制度に頼らない知識構築や知識流通の可能性を示している. 新しい知識が流通し, 構築される場は, 同時に知識を習得し, 問題を解決する学びの場でもある.

Q&A コミュニティや外国語の相互教授などから立ち上がりつつあるウェブ上の学習共同体は, 今後様々な領域に広がり, 長期的には学校教育以上の影響力を発揮するようになるだろう.

理解の支援

しかしながら, ウェブ上での学習が必ずしも成功しているとは言えない. コミュニケーションによる学習は一般に思われているほど単純なものではないからである.

対話による理解が本質的に抱える困難をよく示しているのが, 三宅 (1985) のミシンの動作原理の理解に関する研究である. この研究では, ペアの学習者がミシンの動作原理についてお互いに説明しながら理解を深めていくプロセスが分析されているが, その分析から, それぞれの理解過程は独立した経路をたどること, 同じ時点での理解の段階が異なっていること, 最後の理解の構造も異なっていることが明らかになっている.

教育研究者は事例は違っても類似した経験をしている. 筆者も様々な教材を評価するたびに, 学習者の「間違い」の多様さに感嘆する. ここで言う間違いは, 必ずしもネガティブな意味ではない. 人間がそれだけ多様な仮説を生成できる力を持っているからこそ, 新しい考え方を生み出すことができる. 人が学ぶことは深く謎に満ちた行為なのである.

教育的配慮の流通

ウェブを通じたコミュニケーションに関わるすべての人々に, 学習とは何であり, どうすれば支援できるのかということについて学んでほしい. 良質

の学習は，ウェブで情報がつながれば自然に発生するものではなく，特定の状況において時間をかけて育まれる真珠のようなものである．

デジタル教材が増えることは，学習を生み出す文脈とそこに内包された教育的配慮が流通することを意味する．薬が医療的配慮の流通形態として健康を支えているように，学習支援が埋め込まれた情報空間によって，対面に加え重層的な学びの場を持つ次世代の社会が実現するだろう．

印刷技術によって本というメディアが生まれ，知識流通のために百科事典が編纂されるようになった．百科事典（Encyclopedia）の語源はギリシャ語で，円環の（enkyklios）教育（paideia）であり，読者を学問の環に入れて教育するという意味である．当時の人々は，一部の人々に独占されてきた幅広い知識を解放し共有することを，新しい教育の形として構想したのである．

情報通信技術によって生まれたウェブというメディアは，今まさに発展途上にあり，情報量から言えば百科事典を遥かに凌駕する存在に成長している．しかしながら，いくら規模が大きくても，情報が理解を通じて人々の知識に転化し，多様な知識が出会って新しい価値を生み出せるようにならないと，真に百科事典を越える存在とは呼べないであろう．

デジタル教材の「学びを支援する」というミームが，教育学の範疇を越え，新しい社会の共有知として広がっていってほしい．それが達成されたときこそ，情報化社会は人間を疎外するものから，人間の可能性を広げる存在へと生まれ変わるだろう．

[参考文献]

三宅なほみ（1985）「理解におけるインターラクションとは何か」佐伯胖編『理解とは何か』東京大学出版会.

Shulman, L. S. (1987) "Knowledge and teaching : foundations of the new reform", *Harvard Educational Review*, 57, pp. 1–22.

菅井勝雄（1983）「CAI研究の可能性と今後の課題」『日本教育工学雑誌』7, 171–181頁.

THE LIFE Center, University of Washington, Stanford University and SRI International (2007) "Learning in and out of school in diverse environments", *THE LIFE Center Report.*

Wenger, E., White, N., Smith, J. D. (2009) "Digital Habitats; stewarding technology for communities", CPsquare.

あとがき

　1990 年，私が大学院生としてマルチメディア教材の研究に身を投じたころ，インターネットの普及による社会の急激な変化を正確に予想できた人はほとんどいなかった．

　あれから 20 年たち，技術的に「夢の光景」だったことはほとんど実現した．しかし，ネットで大量の情報が流通するようになっても，それが学びを通じた人間の成長につながっていないのではないか，その問題意識がこの企画の出発点だった．

　本書は，東京大学大学院情報学環 ベネッセ先端教育技術学講座（BEAT）で行われてきた研究プロジェクトや教育的活動をもとに構成されている．まず，このような機会を与えていただいたベネッセコーポレーション福武總一郎会長をはじめ，BEAT に関わっていただいた社員のみなさんに心から感謝したい．

　BEAT には，特任助教やフェロー・アフィリエイトという形で若く優秀な研究者が集った．本書の執筆陣は BEAT の活動に関わり，教育工学の第一線で活躍している．信頼できる仲間たちがいたからこそ，研究プロジェクトを成功させ，本にまとめることができた．本当にありがたいことである．

　また，アシスタントの佐藤早苗さんには，裏方の仕事を引き受けていただくと共に，執筆途中で体調を崩した際に全面的に支えていただいた．情報学環で同僚の水越伸さん，はこだて未来大学の美馬のゆりさんには，研究の方向性を考える際に大きな知的刺激を受けた．東京大学出版会の小暮明さん，後藤健介さんには，企画を本としてまとめあげていく際に多くの知恵と励ましをいただいた．この場を借りてあらためて，お礼を申し上げたい．

　この本によって，デジタル教材の「学びを支援する」というミームが，教

育学の範疇を超え，インターネット社会の共有知として広がっていくことを
願っている．

2010 年 3 月

山内 祐平

事項索引

あ 行

足場かけ　54, 55
アメリカズ・アーミー（America's Army）　100
意味交渉（Negotiation of meaning）　66, 70
インストラクショナルデザイン　111-113, 121, 123, 126
ヴァーチャル U（Virtual U）　100, 102, 104
運動技能　117, 118
運動領域　115-118
英語不安　173, 174
オペラント条件付け　20
おやこ de サイエンス　141

か 行

階層分析　117
開発　111-113, 120, 121, 126
科学教育　141
学習課題　115, 120
学習者共同体（Community of Learners）　41
学習者の現状　114
学習方略　64, 72
　　社会認知的——　71
　　認知的——　71
学習目標　114-117, 119, 120
仮説検証　136, 137, 139
仮説生成　136, 137, 139

課題分析　116-118, 123, 124,
家庭　142
ガニェの 9 教育事象　118, 122
関心共同体（Community of Interest : CoI）　56
技術執事　184
教育工学　2
教材使用履歴データ　138
協調学習　41
協同学習　41
駆動質問（driving question）　51
クラスター分析　116
形成的評価（formative evaluation）　122, 130, 161, 171, 177
ゲーム（game）　95-99, 104, 105
外化　43
言語情報　115-118
構成主義　37
構造的アプローチ　61, 62, 74
行動主義　4, 19, 61, 62
行動目標　114, 115
コンピュータを介したコミュニケーション（Computer-Mediated Communication : CMC）　65, 66, 75

さ 行

参加観察法　151
事後テスト　121
システム的アプローチ　112
事前テスト　121
視聴覚教育　26, 27, 35

実権計画法　133
実施　112, 113, 120, 121, 126
実践共同体（Community of Practice：CoP）　55, 125
質問紙法　151
社会構成主義　5
社会的構成主義　52, 53
社会的手がかり（Social cue）　70
社会認知的アプローチ　65, 66, 68, 70, 74-76
準実験　134, 135, 139
情意領域　115, 116, 118
状況に埋め込まれた評価　137-139
状況論的学習論（Situated Learning Theory）　53, 54
シリアスゲーム　95, 99, 100-102, 104-106
真正性　54
信頼性　131-133
スキーマ　164, 168
スタンフォード大学　49
ストラテジー　164, 169
設計　111, 112, 114, 118, 120, 121, 126
説得のためのテクノロジ　150
前提テスト　121
総括的評価　122, 130

た　行

第 2 言語習得　163
第 2 言語習得研究　164
妥当性　131, 132
ダルフール・イズ・ダイイング（Darfur is Dying）　105
知的 CAI　11
知的技能　115-118
聴解指導法　165
聴解指導理論　162, 171, 177
聴解ストラテジー　164, 169
ティーチングマシン　12

デジタル教材　1, 111, 120, 121, 126
手順分析　117
トップダウン　164, 165, 168, 169
トップダウン処理（top-down processing）　164

な　行

日本イーラーニングコンソーシアム（eLC）　91
認知主義　5
認知心理学　37
認知的柔軟性理論　123
認知的アプローチ　63, 65, 74
認知領域　115-118
ネオ科学　156
能動的な学習　36

は　行

ハイパーテキスト　27
ハイパーメディア　27, 28
ハズマット：ホットゾーン（Hazmat：Hotzone）　104
発達の最近接領域（Zone of proximal development）　54
発問型学習（inquiry learning）　50
パラダイムシフト　182
非公式な学習環境　185
評価　112, 113, 122
フードフォース（Food Force）　102
プレリスニング　164-168, 177
プログラム学習　12, 20, 85, 86
分析　112, 114, 118, 120, 121, 126
ポストリスニング　164, 165, 167, 170, 177
ボトムアップ　164, 165, 168, 169
ボトムアップ処理（bottom-up processing）　164

ま 行

マルチメディア　25, 26
マルチメディア教材　3, 25
「マルチメディア人体」　31–34
「ミミ号の航海」　28–30
無作為配分　134, 135
モニター　164, 165, 167
モバイル　161, 162, 171, 174, 176, 177

ら 行

リフレクション（内省・再吟味）　43, 51, 54, 55

わ 行

ワークショップ　144

アルファベット

ADDIE（アディー）モデル　112, 113, 122, 129
ARCS モデル　122
Buggy　17
CAI（Computer Assisted Instruction）2, 11, 79, 80
CALL（Computer Assisted Language Learning）　61
constructivism　37
CoVis（The Learning through Collaborative Visualization Project）49
CSCL（Computer Supported Collaborative Learning）　3, 41–44, 47, 55, 56, 126
CSCW　126
CSILE（Computer-Supported Intentional Learning Environment）43, 44
e ラーニング　80–82
GBS　86–91
Knowledge Forum®　43, 44
LeTUS（Center for Learning Technologies in Urban Schools）　49–51
Model-It　50
Plato　13, 14
Progress Portfolio　51
ReCoNote（Reflective Collaborative Note）　43, 46
SANNO KNOWLEDGE FIELD（SKF）　82–88
SenseMaker　48
Socrates　14
TARA–REBA e ラーニング　86–91
Web Knowledge Forum®　44, 45
WISE　47–49, 51
WorldWatcher　50

人名索引

A

Akahori, K.　70

B

Bereiter, C.　44

C

Canale, M.　65

E

Edelson, D. C.　49

G

Gomez, L.　49

K

Keller, J. M.　122
Kimura, M.　71, 72
Krashen, S.　64

L

Lave, J.　53
Lee, L.　68, 69, 76
Levy, L.　61
Linn, M. C.　47
Long, M.　66, 163, 164

M

益川弘如　46
Mayer, R.E.　35

Mendelsohn, D. J.　164
三宅なほみ　46, 54, 186

P

Pea, R.　49
Peterson, M.　66, 67, 75
Piaget, J.　5, 37
Pressey, S. L.　12

R

Rost, M.　164

S

Scardamaria, M.　44
Skehan, P.　63
Skinner, B. F.　12, 13, 20, 21, 85
Slotta, J.　47
Spiro, R. J.　123
Swain, M.　65

V

Vygotsky, L.S.　5, 53–54, 66, 96

W

Warschauer, M.　61
Wenger, E.　125, 184
Watson, J. B.　19

Y

Yamada, M.　70

執筆者紹介

[編　者]

山内祐平（やまうち　ゆうへい）
　東京大学大学院情報学環准教授
　1967 年生まれ．専門：教育工学・学習環境デザイン論
　担当：序章，終章

[執筆者]

重田勝介（しげた　かつすけ）
　東京大学大学総合教育研究センター助教
　1978 年生まれ．専門：教育工学・e ラーニング
　担当：第 1 章

西森年寿（にしもり　としひさ）
　大阪大学大学院人間科学研究科准教授
　1972 年生まれ．専門：教育工学
　担当：第 2 章

望月俊男（もちづき　としお）
　専修大学ネットワーク情報学部講師
　1977 年生まれ．専門：教育工学・学習科学（協調学習）
　担当：第 3 章

山田政寛（やまだ　まさのり）
　金沢大学大学教育開発支援センター准教授
　1977 年生まれ．専門：教育工学・協調学習・CALL 環境のデザイン
　担当：第 4 章

古賀暁彦（こが　あきひこ）
　産業能率大学情報マネジメント学部准教授
　1963 年生まれ．専門：高等教育機関のマネジメント・教育工学

担当：第5章

藤本　徹（ふじもと　とおる）
　　NPO法人産学連携推進機構主任研究員，慶應義塾大学・東京工芸大学非常勤講師
　　1973年生まれ．専門：教育工学・シリアスゲーム
　　担当：第6章

松河秀哉（まつかわ　ひでや）
　　大阪大学大学教育実践センター助教
　　1977年生まれ．専門：教育工学
　　担当：第7章

北村　智（きたむら　さとし）
　　東京大学大学院情報学環特任助教
　　1980年生まれ．専門：情報行動論・メディアコミュニケーション論
　　担当：第8章

中原　淳（なかはら　じゅん）
　　東京大学大学総合教育研究センター准教授
　　1975年生まれ．専門：人材発達支援論・職場学習論
　　担当：第9章

山口悦司（やまぐち　えつじ）
　　神戸大学大学院人間発達環境学研究科准教授
　　1972年生まれ．専門：科学教育・理科教育
　　担当：第9章

島田徳子（しまだ　のりこ）
　　独立行政法人 国際交流基金日本語国際センター専任講師
　　1966年生まれ．専門：日本語教育・第二言語習得研究・教育工学
　　担当：第10章

山内祐平（やまうち ゆうへい）

1967年生まれ．大阪大学人間科学部卒業．大阪大学大学院人間科学研究科博士前期課程修了．茨城大学人文学部助教授を経て，現在，東京大学大学院情報学環准教授．博士（人間科学）．専門は，教育工学・学習環境デザイン論．
著書に，『デジタル社会のリテラシー』（岩波書店），『新しい情報教育を創造する』（共著，ミネルヴァ書房），『「未来の学び」をデザインする』（共著，東京大学出版会）などがある．

デジタル教材の教育学

2010年4月26日　初　版

［検印廃止］

編　者　山内祐平

発行所　財団法人　東京大学出版会

代 表 者　長谷川寿一
113-8654 東京都文京区本郷 7-3-1 東大構内
http://www.utp.or.jp/
電話 03-3811-8814　Fax 03-3812-6958
振替 00160-6-59964

装　幀　Primus design
印刷所　株式会社理想社
製本所　有限会社永澤製本所

ⓒ2010 Yuhei Yamauchi
ISBN 978-4-13-052079-9　Printed in Japan

Ⓡ〈日本複写権センター委託出版物〉
本書の全部または一部を無断で複写複製（コピー）することは，著作権法上での例外を除き，禁じられています．本書からの複写を希望される場合は，日本複写権センター（03-3401-2382）にご連絡ください．

本書はデジタル印刷機を採用しており、品質の経年変化についての充分なデータはありません。そのため高湿下で強い圧力を加えた場合など、色材の癒着・剥落・磨耗等の品質変化の可能性もあります。

デジタル教材の教育学

2017 年 3 月 31 日　　発行　　①

編　　者　　山内祐平
発行所　　一般財団法人　東京大学出版会
　　　　　代 表 者　吉見俊哉
　　　　　〒153-0041
　　　　　東京都目黒区駒場4-5-29
　　　　　TEL03-6407-1069　FAX03-6407-1991
　　　　　URL　http://www.utp.or.jp/
印刷・製本　　大日本印刷株式会社
　　　　　URL　http://www.dnp.co.jp/

ISBN978-4-13-009120-6
Printed in Japan
本書の無断複製複写（コピー）は、特定の場合を除き、著作者・出版社の権利侵害になります。